# Gottes Wort für unsere Welt

Langham

PREACHING RESOURCES

# Gottes Wort für unsere Welt

John R. W. Stott

Langham
PREACHING RESOURCES

© 2021 by The Literary Executors of John R. W. Stott

Veröffentlicht 2021 von Langham Preaching Resources
Langham Preaching Resources ist eine Verlagssparte von Langham Publishing
www.langhampublishing.org

Langham Publishing und die zugehörigen Verlagssparten und Marken sind Teil des Dienstes von Langham Partnership.

Langham Partnership
PO Box 296, Carlisle, Cumbria, CA3 9WZ, UK
www.langham.org

ISBNs:
978-1-83973-595-0 Print
978-1-83973-596-7 ePub
978-1-83973-597-4 Mobi
978-1-83973-598-1 PDF

Mitwirkung an der Übersetzung aus dem Englischen: Raphaela Wiltsche, Christian Bensel, Ewald Ring.

John R.W. Stott hat unter dem Copyright, Designs and Patents Act von 1988 sein Urheberrecht an diesem Werk geltend gemacht.

British Library Cataloguing-in-Publication Data
Ein Katalogeintrag für dieses Buch ist in der British Library vorhanden

ISBN: 978-1-83973-595-0

Umschlag- und Buchgestaltung: projectluz.com

# Inhalt

# Vorwort

John Stott war bekannt für seine bemerkenswerte Fähigkeit, die Bibel klar und relevant zu erklären. Für seine Art, anderen die dynamische Kraft der Bibel nahezubringen, haben ihm tausende Menschen auf der ganzen Welt ihre Dankbarkeit entgegengebracht.

John Stotts Bücher und Predigten sind außerdem dafür berühmt geworden, dass er in ihnen immer wieder die Brücke zwischen der Heiligen Schrift und unserer Welt von heute geschlagen hat: Es war ihm ein Anliegen, beiden Welten aufmerksam sein Ohr zu leihen und sicherzustellen, dass diese unverzichtbare Verbindung hergestellt wird.

In diesem Buch – ursprünglich erschienen unter dem Titel *Die Bibel – Buch für heute* – sehen wir, wie sehr Stott daran gelegen war, dass die Heilige Schrift ernst genommen wird, und zwar in jedem Zeitalter und in jedem Kulturkreis. Die nachfolgenden Texte wurden zunächst im Februar und März 1980 als eine Serie von fünf Predigten in der All Souls Church in London vorgetragen. In jedem Kapitel soll also ein biblischer Text ausgelegt werden.

Es wurde von Catherine Nicholson überarbeitet und aktualisiert, ist aber inhaltlich seit seiner ursprünglichen Veröffentlichung vor über 30 Jahren grundsätzlich gleich geblieben. Stott geht auf Themen ein, die heute noch genauso aktuell sind wie damals. Wie er im Vorwort zur ersten Ausgabe schreibt, handelt es sich um ein „elementares Buch über die historische Haltung der Christen zur Schrift und über das Verständnis der Bibel von sich selbst, wobei beides in alle neuen Generation weitergetragen werden muss und beides der Perspektive zugrunde liegen sollte, mit der wir an andere dringende Probleme herangehen". Wir von Langham Preaching Resources haben das Privileg, dieses Buch einer neuen Generation von Leserinnen und Lesern auf der ganzen Welt zugänglich zu machen.

Catherine Nicholson und Jonathan Lamb
April 2014

# Einleitung

Ein paar Anmerkungen zu Beginn:

Erstens: Die Bibel ist nach wie vor weltweit ein Bestseller. Warum? Die ganze Bibel wurde in über 500 Sprachen übersetzt; das Neue Testament ist in fast 1300 Sprachen erhältlich.

Einigen Schätzungen zufolge wurden (bisher) mehr als 5 Milliarden Exemplare der Bibel gedruckt. Warum hält sich dieses alte Buch immer noch in den oberen Rängen der Bestsellerlisten?

Mein zweiter Punkt steht im Widerspruch dazu: Dieses Buch, das sich so gut *verkauft*, ist ein *kaum beachtetes* Buch. Viele Tausend Menschen, die eine Bibel kaufen, lesen sie wahrscheinlich nie. Sogar in Kirchen ist das Wissen über die Bibel sehr mangelhaft. Vor über 60 Jahren schrieb Cyril Garbett, der damalige Erzbischof von York: „Die Mehrheit der Männer und Frauen (in England) beten weder (außer in manch furchteinflößender Notsituation) noch lesen sie in der Bibel, es sei denn, sie brauchen Hilfe beim Lösen eines Kreuzworträtsels. Das Jahr vergeht, ohne dass sie eine Kirche betreten, mit Ausnahme von Taufen, Hochzeiten oder Begräbnissen". Und das, was vor 60 Jahren zutraf, gilt für heute umso mehr.

- Es gibt nur wenige Eltern, die ihren Kindern aus der Bibel vorlesen, geschweige denn ihnen das vermitteln, was darin steht.
- Nur wenige Gemeindemitglieder machen Bibelmeditation zu einer täglichen Gewohnheit.
- Nur wenige von denjenigen, die predigen, setzen sich gewissenhaft mit dem Bibeltext auseinander, um sowohl seine ursprüngliche Bedeutung als auch seine Anwendung in der heutigen Zeit zu begreifen.
- Einige Leiter und Leiterinnen in Kirchen und Gemeinden nehmen es sich heraus, öffentlich bekanntzugeben, dass sie mit den ganz offensichtlichen Lehren und ethischen Prinzipien der Bibel nicht einverstanden sind.

Das ist eine tragische Situation. Was kann uns hier helfen?

Mit meinem dritten Punkt in dieser Einleitung möchte ich auf meine Überzeugung eingehen, dass die Bibel ein Buch, ja, tatsächlich *das* Buch für heute ist. Sie ist Gottes Wort für unsere Welt. Bis vor Kurzem haben alle christlichen Gemeinden ihre einzigartige Inspiration und folglich ihre Autorität anerkannt. Die Unterordnung unter die Autorität der Bibel (oder, wie wir es meiner Meinung nach besser ausdrücken sollten, die Unterordnung unter die Autorität Gottes, die uns durch die Bibel vermittelt wird), war mit Sicherheit immer – und ist bis heute – eines der wichtigsten Merkmale, die evangelikale Gläubige auszeichnen. Wir glauben ihren Anweisungen. Wir nehmen die Verheißungen darin für uns persönlich an. Wir streben danach, uns an ihre Gebote zu halten. Warum? In erster Linie deswegen, weil wir glauben, dass die Bibel Gottes Wort ist. Aber auch, weil Gott durch sie mit lebendiger Stimme zu uns spricht. Die Bibel war das Buch für gestern. Ohne Zweifel wird sie das Buch für morgen sein. Aber für uns ist sie das Buch für heute.

Ihre ungebrochene Beliebtheit, ihre bedauernswerte Vernachlässigung und ihre Relevanz für die heutige Zeit sind also drei gute Gründe, uns über die Bibel als *Gottes Wort für unsere Welt* Gedanken zu machen.

# 1

## Gott und die Bibel

Unser erstes Thema, „Gott und die Bibel", wird uns nahebringen, was Offenbarung bedeutet. Sehen wir uns dazu Jesaja 55,8-11 an. Hier spricht Gott selbst:

> Denn meine Gedanken sind nicht eure Gedanken,
> und eure Wege sind nicht meine Wege, spricht der HERR.
> Denn so viel der Himmel höher ist als die Erde,
> so sind meine Wege höher als eure Wege
> und meine Gedanken als eure Gedanken.
> Denn wie der Regen fällt
> und vom Himmel der Schnee
> und nicht dahin zurückkehrt,
> sondern die Erde tränkt,
> sie befruchtet und sie sprießen lässt,
> dass sie dem Sämann Samen gibt und Brot dem Essenden,
> so wird mein Wort sein, das aus meinem Mund hervorgeht.
> Es wird nicht leer zu mir zurückkehren,
> sondern es bewirkt, was mir gefällt,
> und führt aus, wozu ich es gesandt habe.

Von diesem großartigen Text können wir mindestens drei Dinge lernen.

### Die Vernunft hinter der Offenbarung: Warum muss Gott sprechen?

Manche Menschen haben allein mit dem Konzept von Offenbarung Schwierigkeiten. Der Gedanke, dass Gott sich der Menschheit zu erkennen gibt, erscheint unmöglich. Fragen wie „Warum sollte er das tun? Und wie konnte er das tun?" kommen auf. Aber es ist ganz klar, dass wir eine Offenbarung Gottes brauchen, in der er sich selbst zeigt. Wir können Gott nicht verstehen, es sei

3

denn, er offenbart sich uns. Angesichts der vielen unbegreiflichen Facetten des Lebens und der Mysterien des Menschseins überhaupt, kennen die meisten Menschen das Gefühl, verwirrt und überfordert zu sein. Das war in jedem Zeitalter so. Die meisten Menschen gestehen sich also ein, dass sie Weisheit aus einer anderen Quelle als sich selbst benötigen, wenn sie jemals die Bedeutung ihres eigenen Daseins ergründen wollen, geschweige denn die Bedeutung des Daseins Gottes, falls es tatsächlich einen Gott gibt. Machen wir gemeinsam eine kleine Zeitreise, und zwar zu Platon – einem Philosophen der klassischen Periode im antiken Griechenland. In seinem Werk Phaidon spricht er davon, dass wir auf dem kleinen „Brette" unserer eigenen Einsicht durch die Meere der Dunkelheit und der Zweifel segeln müssen. Und er fügt hinzu: „…wenn einer nicht sicherer und gefahrloser auf […] einer göttlichen Rede reisen kann."

Ohne Offenbarung, ohne gottgegebene Weisung und Führung fühlen wir Menschen uns wie ein Boot, das ohne Ruder auf hoher See umherschaukelt. Wie ein Blatt, das hilflos vom Wind hin- und hergeworfen wird, ja, wie ein Blinder, der im Dunkeln umhertastet. Wie finden wir den richtigen Weg für uns? Und noch wichtiger: Wie finden wir Gottes Weg ohne seine Führung? In den Versen 8 und 9 lernen wir, dass es für Menschen unmöglich ist, Gott allein durch ihre eigene Intelligenz zu erkennen. „Meine Gedanken sind nicht eure Gedanken, und eure Wege sind nicht meine Wege, spricht der HERR. Denn so viel der Himmel höher ist als die Erde, so sind meine Wege höher als eure Wege und meine Gedanken als eure Gedanken". Mit anderen Worten: Gottes Denken und das menschliche Denken sind durch eine gigantische Kluft voneinander getrennt. Der Text weist auf einen Kontrast hin: Gottes Wege und Gedanken auf der einen Seite und die Wege und Gedanken der Menschen auf der anderen Seite. Diese riesige Kluft befindet sich also zwischen dem, was *wir* denken und tun und dem, was *Gott* denkt und tut. Die Gedanken und Wege Gottes sind so viel höher als die Gedanken und Wege der Menschen, wie die Himmel höher als die Erde sind. Das bedeutet: unendlich weit.

Denkt einmal über Gottes Gedanken nach. Wie können wir erkennen, was Gott denkt, oder seine Gedanken lesen? Wir können nicht einmal die Gedanken unserer Mitmenschen lesen. Wir versuchen es. Wir beobachten das Gesicht unseres Gegenübers, um zu sehen, ob wir ein Lächeln oder einen finsteren Ausdruck erkennen. Wir starren einander in die Augen, um zu sehen, ob sie funkeln oder strahlen, ob sie ernst sind oder leuchten. Das ist jedoch eine riskante Angelegenheit. Würde ich hier mit einem

> Wie finden wir
> Gottes Weg
> ohne seine
> Führung?

völlig neutralen Gesichtsausdruck schweigend auf der Kanzel stehen, hättet ihr nicht die geringste Ahnung, woran ich denke. Versucht es einmal. Ich höre nun für einen Augenblick auf zu sprechen. Und nun frage ich: Was ging mir durch den Kopf? Hat jemand eine Idee? Nein? Nun, ich verrate es euch. Ich bin die Treppe des Kirchturms der All Souls Church nach oben gestiegen und habe versucht, bis an die Spitze des Turms zu kommen! Aber das wusstet ihr nicht. Ihr hattet nicht die leiseste Ahnung, was ich denke. Natürlich nicht. Ihr könnt meine Gedanken nicht lesen. Wenn unser Gegenüber schweigt, ist es unmöglich, seine Gedanken zu lesen.

Wie viel unmöglicher ist es, die Gedanken des allmächtigen Gottes zu durchschauen? Seine Gedanken sind unendlich. Seine Gedanken überragen unsere Gedanken so weit, wie der Himmel die Erde überragt. Es ist lächerlich, anzunehmen, dass wir Gottes Gedanken jemals durchschauen könnten. Es gibt keine Leiter, auf der unser kleines Denken in sein unendliches Denken klettern kann. Es gibt keine Brücke, die wir bauen könnten, um die Kluft der Unendlichkeit zu überwinden. Es gibt keinen Weg, auf dem man Gott erreichen oder ihn ergründen kann.

Es ist daher nur vernünftig zu sagen, dass wir niemals herausfinden werden, was Gott denkt. Mit einer Ausnahme: Wenn er selbst die Initiative ergreift, es uns zu offenbaren. Wir können Gott niemals kennen, außer er gibt sich uns zu erkennen. Tut er dies nicht, werden wir auf allen Altären der Welt die gleiche tragische Inschrift finden, die Paulus in Athen sah: „EINEM UNBEKANNTEN GOTT" (Apostelgeschichte 17,23).

Und jetzt können wir mit unserer Betrachtung beginnen – mit dieser Haltung der Demut vor dem unendlichen Gott. Diese Haltung ist auch weise. Denn wir sehen die Vernunft hinter dem Konzept der Offenbarung.

## Die Art der Offenbarung: Wie hat Gott gesprochen?

Uns ist nun klar, dass Gott sich uns offenbaren muss. Und wie hat er das gemacht? Im Grunde hat er sich uns auf dieselbe Art und Weise mitgeteilt, wie auch wir uns einander mitteilen oder zu erkennen geben: sowohl durch *Worte* als auch durch *Taten*; durch das, was wir tun und sagen.

### a) Taten

Künstlerisches Schaffen war schon immer einer der wichtigsten Wege, auf dem Menschen sich ausgedrückt haben. Wir wissen, dass in uns etwas schlummert, das hinaus muss. Und wie bei einer Geburt ringen wir darum, es aus uns herauszubringen. Manche Menschen machen Musik oder schreiben Gedichte. Andere zeichnen, malen, fotografieren, töpfern, schnitzen. Sie gestalten Skulpturen oder Architektur, tanzen oder spielen Theater. Interessant ist, dass von all diesen künstlerischen Gestaltungsmöglichkeiten das Töpfern diejenige ist, die in Bezug auf Gott in der Bibel am häufigsten erwähnt wird. Vermutlich deswegen, weil der Töpfer in den Dörfern Palästinas jemand war, den man kannte. Wir lesen, dass Gott die Erde „gebildet" oder „bereitet" hat, genauso wie die Menschen, die darauf leben (z.b. 1. Mose 2,7; Psalm 8,4; Jeremia 32,17).

Außerdem wird er selbst an seinen Werken sichtbar. „Der Himmel erzählt die Herrlichkeit Gottes, und die ganze Erde ist erfüllt mit seiner Herrlichkeit" (Psalm 19,2; Jesaja 6,3). Auch Paulus geht fast ganz zu Beginn des Römerbriefes darauf ein. Er schreibt, dass „das von Gott Erkennbare unter ihnen [unter den Nationen] offenbar ist, denn Gott hat es ihnen offenbart. Denn sein unsichtbares Wesen, sowohl seine ewige Kraft als auch seine Göttlichkeit, wird seit Erschaffung der Welt in dem Gemachten wahrgenommen und geschaut, damit sie ohne Entschuldigung sind" (Römer 1,19-20). Anders ausgedrückt: Genauso wie künstlerisch tätige Menschen in ihren Gemälden, ihren Skulpturen oder ihrer Musik sich selbst offenbaren, hat sich Gott, der große Künstler, in der Schönheit, der Ausgeglichenheit, der Komplexität und der Ordnung seiner Schöpfung offenbart. Wir erfahren anhand der Schöpfung, wie weise, mächtig und treu Gott ist. Man spricht dabei normalerweise von einer „natürlichen" Offenbarung, weil sie in der „Natur" und durch die „Natur" geschieht.

### b) Worte

Jesaja 55 bezieht sich jedoch nicht auf Taten, sondern vielmehr auf die zweite und direktere Art und Weise, wie wir einander zu erkennen geben und wie Gott sich uns zu erkennen gab, nämlich durch *Worte*. Sprache ist die umfassendste und flexibelste Art der zwischenmenschlichen Kommunikation. Ich habe bereits erwähnt, dass ihr nicht herausfinden könntet, was mir durch den Kopf geht, wenn ich schweigend und mit ausdrucksloser Miene auf der Kanzel stehen würde. Doch jetzt hat sich die Situation geändert. Jetzt wisst ihr, was mir durch den Kopf geht, weil ich nicht mehr schweige. Ich spreche. Ich kleide die Gedanken, die ich im Kopf habe, in Worte, die aus meinem Mund kommen. Die Worte die aus meinem Mund kommen, bringen die Gedanken aus meinem Kopf zu euch.

Sprache ist also der beste Weg der Kommunikation und Sprache ist auch das Modell, das in der Bibel am häufigsten benutzt wird, um zu illustrieren, wie Gott sich selbst offenbart. Gehen wir noch einmal zu meinem Bibeltext und lesen wir die Verse 10 und 11: „Wie der Regen fällt und vom Himmel der Schnee und nicht dahin zurückkehrt, sondern die Erde tränkt, sie befruchtet und sie sprießen lässt, dass sie dem Sämann Samen gibt und Brot dem Essenden, so wird mein Wort sein…" Beachten wir, dass hier ein zweites Mal auf Himmel und Erde verwiesen wird. Der Himmel ist höher als die Erde, und deswegen fällt der Regen vom Himmel herab, um die Erde zu bewässern. Beachten wir auch, dass der Autor direkt von den Gedanken Gottes zu dem Worten Gottes übergeht, die aus seinem Mund kommen. „So wird mein Wort sein, das aus meinem Mund hervorgeht. Es wird nicht leer zu mir zurückkehren, sondern es bewirkt, was mir gefällt, und führt aus, wozu ich es gesandt habe". Diese Parallele ist offensichtlich. So wie der Himmel höher ist als die Erde, aber der Regen vom Himmel herabfällt, um die Erde zu bewässern, so sind Gottes Gedanken höher als unsere Gedanken und kommen trotzdem zu uns herab, weil sein Wort aus seinem Mund hervorgeht und uns dadurch seine Gedanken mitteilt. Wie der Prophet in einem früheren Kapitel sagt: „Denn der Mund des HERRN hat geredet" (Jesaja 40,5). An dieser Stelle nimmt er auf eine seiner eigenen Prophezeiungen Bezug, die er jedoch als eine durch den Mund Gottes überbrachte

> Die Heilige Schrift ist Gottes Wort, das aus Gottes Mund kommt.

Botschaft bezeichnet. Oder wie Paulus in 2. Timotheus schreibt: „Alle Schrift ist von Gott eingegeben". Mit anderen Worten: Die Heilige Schrift ist Gottes Wort, das aus Gottes Mund kommt.

Zwei weitere Umstände helfen uns dabei, die Art, wie Gott sein Wort gesprochen hat, klarer zu verstehen.

Erstens: *Gottes Wort* (jetzt in Form der Bibel niedergeschrieben), *war eng mit seinen Handlungen verbunden.* Anders ausgedrückt – er sprach zu seinem Volk sowohl durch Taten als auch durch Worte. Er zeigte sich Israel in seiner Geschichte und lenkte seine Entwicklung so, dass das Volk sowohl seine Errettung erfuhr als auch sein Gericht zu spüren bekam. Er befreite sein Volk aus der Sklaverei in Ägypten:

- Er brachte sie sicher durch die Wüste und führte sie in das verheißene Land, damit sie sich dort niederlassen konnten.
- Er bewahrte durch die Zeit der Richter hindurch ihre nationale Identität.

- Er gab ihnen Könige, die sie regierten, obwohl ihre Forderung nach einem menschlichen König mit ihrer Ablehnung seiner eigenen Königsherrschaft einherging.
- Wegen ihres beständigen Ungehorsams kam sein Gericht über sie, als sie in das babylonische Exil vertrieben wurden.
- Er stellte sie in ihrem eigenen Land wieder her und befähigte sie dazu, wieder eine selbstständige Nation zu werden und ihren eigenen Tempel zu bauen.

Allem voran sandte er seinen ewigen Sohn Jesus Christus, um uns von unserer Sünde zu erlösen. Er wurde geboren, um zu leben und auf Erden zu wirken, um zu leiden und zu sterben, um den Tod durch seine Auferstehung zu besiegen und um den Heiligen Geist auszugießen. Durch diese Taten – zunächst in der Geschichte des Alten Testaments, hauptsächlich jedoch durch Jesus Christus – hat sich Gott aktiv und persönlich offenbart.

Das ist der Grund, warum es bei einigen Theologen und Theologinnen in Mode gekommen ist, eine scharfe Trennung zwischen „persönlicher" Offenbarung (durch Gottes Taten) und der Offenbarung der „Aussagen" (durch seine Worte) vorzunehmen und folglich seinen Taten viel größere Priorität einzuräumen und seine Worte abzulehnen. Diese Polarisierung ist unnötig. Es ist nicht notwendig, dass wir uns für eine dieser beiden Arten der Offenbarung entscheiden. Gott hat beide Wege der Offenbarung gebraucht. Außerdem waren sie eng miteinander verbunden, da Gottes Worte seine Taten erläuterten. Er berief die Propheten, um zu erklären, was er an Israel tat, und er berief die Apostel, um zu erklären, was er durch Jesus tat. Es stimmt – der Höhepunkt der Offenbarung seiner selbst war die Person Jesus Christus. Er war Gottes Wort, im Fleisch gekommen. An ihm wurde Gottes Herrlichkeit sichtbar. Ihn gesehen zu haben bedeutete, den Vater gesehen zu haben (siehe Johannes 1,14; 1,18; 14,9). Und trotzdem hätten wir nichts von dieser historischen und persönlichen Offenbarung gehabt, hätte Gott uns nicht gleichzeitig gezeigt, welche Bedeutung die Person und die Werke seines Sohnes haben.

Wir müssen also die Falle vermeiden, die „persönliche" Offenbarung und die Offenbarung der „Aussagen" einander als Alternativen entgegenzusetzen. Es trifft besser zu, wenn wir sagen, dass Gott sich sowohl in Jesus als auch im biblischen Zeugnis über Jesus geoffenbart hat. Keine der beiden Offenbarungen ist ohne die andere vollständig.

Zweitens: *Gottes Wort ist durch Worte von Menschen zu uns gekommen.* Als Gott sprach, rief er nicht aus heiterem Himmel hörbar etwas zu den Menschen herunter. Nein – er sprach durch die Propheten (im Alten Testament) und durch die Apostel (im Neuen Testament). Das waren reale Personen. Göttliche Inspiration war kein mechanischer Prozess, der die menschlichen Verfasser der Bibel zu Maschinen reduzierte. Göttliche Inspiration war ein persönlicher Prozess, bei dem die menschlichen Verfasser der Bibel in der Regel im Vollbesitz all ihrer Fähigkeiten waren. Wir brauchen nur die Bibel zu lesen, um das zu bestätigen. Die Autoren der Geschichtsbücher (und in der Bibel finden wir eine ganze Reihe historischer Berichte, sowohl im Alten als auch im Neuen Testament) benutzten historische Aufzeichnungen. Einige von davon werden im Alten Testament wiedergegeben. Lukas erzählt uns am Beginn seines Evangeliums von seiner mühsamen historischen Recherchearbeit. Hinzu kommt, dass alle Autoren der Bibel ihren ganz eigenen literarischen Stil entwickelten und ihre eigenen theologischen Schwerpunkte setzten. Die Bibel ist also ein äußerst vielfältiges Buch. Und trotzdem war es Gott, der gesprochen hat – durch all die verschiedenen Ausdrucksweisen.

Diese Wahrheit der zweifachen Autorschaft der Bibel (also die Tatsache, dass wir in ihr zugleich Gottes Wort *und* die Worte von Menschen finden, oder strenger ausgedrückt: das Wort Gottes *durch* die Worte von Menschen) zeigt uns, welches Selbstverständnis die Bibel von sich hat. So wird zum Beispiel das Gesetz des Alten Testaments manchmal als „das Gesetz des Mose" bezeichnet und manchmal als „das Gesetz Gottes" oder „das Gesetz des Herrn". In Hebräer 1,1 lesen wir, dass Gott durch die Propheten zu den Vätern gesprochen hat. In 2. Petrus 1,21 hingegen lesen wir, dass Menschen „von Gott her redeten […], getrieben vom Heiligen Geist". Es waren also sowohl Gott als auch Menschen, die sprachen. Sie sprachen *von ihm her* und *durch ihn*. Beides ist wahr.

Wichtig ist hierbei, dass wir beides als eine Einheit betrachten. Sowohl im fleischgewordenen Wort (Jesus Christus) als auch im geschriebenen Wort (in der Bibel) vereinen sich menschliche und göttliche Elemente und stehen nicht im Widerspruch zueinander. Diese Analogie, die relativ früh in der Kirchengeschichte entwickelt wurde, wird heute häufig kritisiert. Und natürlich ist sie nicht ganz exakt – immerhin ist Jesus eine Person, während die Bibel ein Buch ist. Und dennoch ist diese Analogie hilfreich, vorausgesetzt, wir sind uns ihrer Unvollständigkeit bewusst. So dürfen wir zum Beispiel nie die Göttlichkeit von Jesus in einer Art und Weise bejahen, die seine Menschlichkeit leugnet. Und umgekehrt dürfen wir nicht seine Menschlichkeit so bejahen, dass dabei seine Göttlichkeit verneint wird. Genauso ist es mit der Bibel. Einerseits handelt es dabei sich um das Wort Gottes. Gott selbst war es, der sprach und dabei entschied, was er sagen wollte. Er tat dies aber nicht so, dass dabei die Persönlichkeit der menschlichen Autoren völlig unterging. Andererseits besteht die Bibel aus Worten von Menschen. Es waren Menschen, die sprachen und dabei ihre individuellen Fähigkeiten nutzten. Aber nicht auf eine Art und Weise, durch die die Wahrheit in Gottes Botschaft verfälschte wurde.

Die zweifache Autorschaft der Bibel beeinflusst die Art, wie wir sie lesen. Weil es sich um Worte von Menschen handelt, sollten wir sie wie jedes andere Buch studieren, indem wir unseren Verstand einsetzen, Wörter recherchieren und uns eingehend mit der Bedeutung der Texte befassen und dabei die historischen Hintergründe und den literarischen Aufbau berücksichtigen. Weil es sich jedoch auch um das Wort Gottes handelt, sollten wir es anders studieren als jedes andere Buch. Auf Knien, demütig, während wir Gott flehend um klares Verständnis und um die Hilfe des Heiligen Geistes bitten. Denn ohne ihn können wir Gottes Wort niemals verstehen.

## Der Zweck der Offenbarung: Warum hat Gott gesprochen?

Wir haben uns nun damit befasst, *wie* Gott gesprochen hat. Nun wollen wir uns die Frage stellen, *warum* er zu uns gesprochen hat. Die Antwort ist: nicht nur um uns zu lehren, sondern auch um uns zu retten. Nicht nur um uns Anweisungen zu geben, sondern um uns ganz konkret „weise zu machen zur Rettung" (2. Timotheus 3,15). Die Bibel dient diesem äußerst praktischen Zweck.

Wenn wir noch einmal zu Jesaja 55 zurückgehen, sehen wir, dass dies der Hauptpunkt in den Versen 10 und 11 ist. Der Regen und der Schnee fallen vom Himmel zu uns herab und kehren nicht dorthin zurück. Sie erfüllen einen Zweck hier auf Erden. Sie bewässern sie. Sie „befruchten" sie und lassen sie „sprießen". Sie machen die Erde fruchtbar. Und genauso kehrt Gottes Wort, das aus seinem Mund hervorgeht und uns seine Gedanken offenbart, nicht leer zu ihm zurück. Es erfüllt einen Zweck. Und es gibt eine Ähnlichkeit zwischen dem Zweck des Regens, den Gott auf die Erde sendet und seinem Wort, dass er zu den Menschen spricht. In beiden Fällen geht es darum, Frucht zu bringen. Sein Regen macht die Erde fruchtbar; sein Wort bringt Frucht im Leben der Menschen. Es errettet sie und verändert sie, sodass sie Jesus ähnlicher werden. Errettung ist mit Sicherheit der Kontext dieser Stelle. Denn in den Versen 6 und 7 spricht der Prophet von Gottes Erbarmen und seiner Vergebung, und in Vers 12 beschreibt er schließlich die Freude und den Frieden, die Gottes erlöstes Volk erfahren wird.

Hierin besteht eigentlich der Hauptunterschied zwischen der Offenbarung Gottes in der Schöpfung (also der „natürlichen" Offenbarung, weil sie durch die Natur geschieht und der „allgemeinen" Offenbarung, weil sie allen Menschen zugänglich ist) und seiner Offenbarung in der Bibel (also der „übernatürlichen" Offenbarung, weil sie durch Inspiration geschieht und der

„besonderen" Offenbarung, weil sie von konkreten an konkrete Personen überbracht wird). Durch das geschaffene Universum offenbart Gott seine Herrlichkeit, seine Macht und seine Treue, aber nicht den Weg der Errettung. Wenn wir von seinem Plan erfahren wollen, wie er in seiner Gnade sündige Menschen errettet, müssen wir die Bibel zur Hand nehmen. Denn dort spricht Gott zu uns über Jesus Christus.

> Sein Regen macht die Erde fruchtbar; sein Wort bringt Frucht im Leben der Menschen.

## Schlussfolgerung

Wir haben von Jesaja 55 drei Wahrheiten gelernt:

- Erstens: Göttliche Offenbarung ist nicht nur vernünftig, sondern auch unerlässlich. Ohne sie könnten wir Gott nie kennenlernen.
- Zweiten: Göttliche Offenbarung geschieht durch Worte. Gott hat durch Worte von Menschen gesprochen und dadurch seine Taten erläutert.
- Drittens: Das Ziel der göttlichen Offenbarung ist Errettung. Sie weist uns auf Jesus Christus als den Erlöser hin.

Meine Schlussfolgerung ist sehr einfach: Sie ist ein Aufruf zur Demut. Nichts steht geistlichem Wachstum mehr im Wege als Stolz, und nichts ist dafür so dringend notwendig wie Demut. Wir müssen vor dem unendlichen Gott eine demütige Haltung einnehmen und anerkennen, dass unser menschlicher Verstand beschränkt ist (d.h. dass wir Gott niemals von uns selbst aus finden können) und dass wir Sünder sind (d.h. dass wir ihn niemals von uns selbst aus erreichen können).

Jesus bezeichnete diese Haltung als die Demut eines Kindes. Er sagte, dass Gott sich vor den Weisen und Klugen verbirgt, sich aber „Unmündigen" – also kleinen Kindern – offenbart (Matthäus 11,25). Mit dieser Aussage wertete er nicht unseren Verstand ab – schließlich hat Gott ihn uns gegeben. Er zeigte uns vielmehr, wie wir ihn einsetzen sollten. Die wahre Funktion unseres Verstandes besteht nicht darin, Urteile über Gottes Wort zu fällen, sondern demütig davor zu sitzen und es mit Eifer zu hören, es zu begreifen und es in den praktischen Bereichen des Lebens gehorsam anzuwenden.

Die „Demut" von Kindern zeigt sich nicht nur in der Art, wie sie lernen, sondern auch darin, wie sie Dinge annehmen. Kinder sind abhängige Wesen. Nichts von dem, was sie besitzen, haben sie selbst verdient. Alles, was sie haben, wurde ihnen geschenkt. Wir sollen also das Reich Gottes annehmen „wie ein Kind" (Markus 10,15). Denn: Sündige Menschen können sich das ewige Leben (also das Leben in Gottes Reich) nicht selbst verdienen. Wir müssen demütig vor Gott kommen, um es als ein Geschenk anzunehmen, das Gott uns gibt.

# 2

# Jesus und die Bibel

Unser erstes Thema war „Gott und die Bibel". Wir haben uns mit den Ursprüngen und der Herkunft der Heiligen Schrift befasst – mit dem großen Thema „Offenbarung". Unser zweites Thema ist „Jesus und die Bibel": Wir werden nun nicht über ihren Ursprung nachdenken, sondern über ihren *Zweck*; nicht darüber, woher sie kommt, sondern wozu sie uns gegeben wurde. Unser Text ist Johannes 5, 31-40. Jesus spricht zu einen jüdischen und Zeitgenossen und sagt:

> Ihr erforscht die Schriften, denn ihr meint, in ihnen ewiges Leben zu haben, und sie sind es, die von mir zeugen; und ihr wollt nicht zu mir kommen, damit ihr Leben habt.
>
> (Johannes 5:39-40)

Aus diesen Worten, die Jesus hier sagt, lernen wir zwei grundlegende Wahrheiten über Jesus und die Bibel:

## Die Heilige Schrift gibt Zeugnis über Jesus

Jesus sagt dies selbst ganz deutlich über die Schriften: „...sie sind es, die von mir zeugen" (V. 39). Die wichtigste Funktion der Schrift besteht darin, Jesus zu bezeugen.

Zeugnis über ihn abzulegen ist das Hauptanliegen im Kontext unseres Abschnitts: Welche Zeugenaussage kann das bestätigen, was Jesus von Nazareth über sich behauptet? Er sagt es uns selbst. Zunächst wird klar, dass er sich nicht auf seine eigene Zeugenaussage über sich selbst beruft, und zwar in Vers 31: „Wenn ich von mir selbst zeuge, so ist mein Zeugnis nicht wahr". Natürlich meint Jesus damit nicht, dass er in Bezug auf sich selbst lügt. Wir lesen später sogar, dass Jesus die Kritik der Pharisäer abwehrt, indem er darauf besteht, dass seine Zeugenaussage über sich selbst wahr ist (Johannes 8,14). Was er sagen möchte ist, dass eine Zeugenaussage, die von einer Person über sich selbst abgelegt wird, unzureichend ist. Es wäre irgendwie verdächtig, wenn das einzige Zeugnis, das er vorweisen könnte, von ihm selbst stammen würde. Aber nein – „Ein anderer ist es, der von mir zeugt", sagt Jesus (V. 32). Die Zeugenaussage, auf die er sich beruft, ist also weder seine eigene Zeugenaussage noch die von Menschen – nicht einmal die von Johannes dem Täufer, der ein ganz besonderer Zeuge war. „Ihr habt zu Johannes gesandt, und er hat der Wahrheit Zeugnis gegeben. Ich aber nehme nicht Zeugnis von einem Menschen an…" (V. 33-34).

Jesus drückt damit aus: „Das Zeugnis kommt also nicht von mir und nicht von Menschen". Natürlich war Johannes „die brennende und scheinende Lampe" (V. 35) und sie wollten „für eine Zeit in seinem Licht fröhlich sein". Doch das Zeugnis, das Jesus für sich beanspruchte, war ein größeres. Es war größer als sein eigenes Zeugnis über sich selbst und größer als das Zeugnis von irgendeinem Menschen, sogar größer als das von Johannes. Es war das Zeugnis seines *Vaters*. „Und der Vater, der mich gesandt hat, er selbst hat Zeugnis von mir gegeben" (V. 37). Das Zeugnis des Vaters über den Sohn hatte außerdem zwei unterschiedliche Formen. Einerseits bestand das Zeugnis in den mächtigen Taten, in den Wundern, zu dem der Vater ihn befähigte (V. 36). Andererseits – und das war die direktere Form – finden wir dieses Zeugnis in den Schriften, die das Zeugnis des Vaters über den Sohn sind. In den Versen 36-39 sehen wir dies ganz deutlich:

> Ich aber habe das Zeugnis, das größer ist als das des Johannes; denn die Werke, die der Vater mir gegeben hat, dass ich sie vollende, die Werke selbst, die ich tue, zeugen von mir, dass der Vater mich gesandt hat. Und der Vater, der mich gesandt hat, er selbst hat Zeugnis von mir gegeben. Ihr habt weder jemals seine Stimme gehört noch seine Gestalt gesehen, und sein Wort habt ihr nicht bleibend in euch; denn dem, den er gesandt hat, dem glaubt ihr nicht. Ihr erforscht die Schriften, denn ihr meint, in ihnen ewiges Leben zu haben, und sie sind es, die von mir zeugen…

Wenn Jesus lehrte, wies er immer wieder darauf hin, dass die Schriften des Alten Testament Gottes Wort waren, das Zeugnis über ihn ablegte. So sagte er zum Beispiel: „Abraham, euer Vater, jubelte, dass er meinen Tag sehen sollte, und er sah ihn und freute sich" (Johannes 8,56). Und in Johannes 5,46 sagt er: „Mose […] hat von mir geschrieben". Und: „…die Schriften […] die von mir zeugen" (V. 39). Als Jesus zu Beginn seines Wirkens in die Synagoge von Nazareth ging, um anzubeten, las er aus Jesaja 61 vor, über die Mission des Messias und die Botschaft der Befreiung. Und er fügte hinzu: „Heute ist diese Schrift vor euren Ohren erfüllt" (Lukas 4,21). Anders ausgedrückt: „Wenn ihr wissen wollt, über wen der Prophet das hier geschrieben hat – er hat es über mich geschrieben". Solche Aussagen finden wir bei Jesus während der gesamten Zeit seines Wirkens immer wieder. Sogar nach der Auferstehung blieb er dabei – er erklärte ihnen „in allen Schriften das, was ihn betraf" (Lukas 24,27). So machte Jesus von Anfang bis zum Ende der Zeit seines Wirkens klar, dass das gesamte prophetische Zeugnis des Alten Testaments in seiner großen Vielfältigkeit auf ihn hindeutete. „Die Schriften […] die von mir zeugen".

Die jüdischen Zeitgenossen von Jesus verpassten jedoch dieses Zeugnis. Sie studierten das Alte Testament sehr gewissenhaft, und gegen ihr Studium der Schriften haben wir nichts einzuwenden. „Ihr erforscht die Schriften", sagte Jesus. Und das taten sie. Sie verbrachten viele Stunden damit, die kleinsten Details der alttestamentlichen Schriften genauestens zu untersuchen. Sie zählten die Wörter, ja sogar die Buchstaben in jedem Buch der Bibel. Sie wussten, dass ihnen das Wort Gottes anvertraut worden war (Römer 3,2). Aus irgendeinem Grund dachten sie, dass sie durch das Anhäufen von Bibelwissen in der richtigen Beziehung zu Gott standen. „Ihr erforscht die Schriften, denn ihr meint, in ihnen ewiges Leben zu haben…". Was für eine seltsame Idee – die Vorstellung, dass die Schriften an sich ewiges Leben schenken könnten! Die Schriften weisen auf Jesus als den Geber des Lebens hin und halten die Lesenden dazu an, zu ihm zu kommen um Leben zu empfangen. Aber anstatt zu Jesus zu kommen, um Leben finden, hatten sie die Vorstellung, dass sie in den Schriften selbst Leben finden könnten. Das ist ungefähr so, als würde man von einem Arzt ein Rezept bekommen und dieses Rezept dann schlucken, anstatt die Medikamente zu besorgen und einzunehmen!

Manche von uns machen den gleichen Fehler. Wir haben eine beinahe abergläubische Einstellung zum Bibellesen, als ob es irgendeine magische Wirkung hätte. Die Bibel oder das mechanische Lesen der Bibel haben jedoch nichts Magisches an sich. Nein – das geschriebene Wort weist auf das lebendige Wort hin und sagt uns: „Geht zu Jesus". Wenn wir nicht zu Jesus gehen, auf den die Bibel hinweist, verkennen wir das Ziel des Bibellesens.

Evangelikale Christinnen und Christen sind nicht das (oder sollten nicht das sein),

> Wenn wir nicht zu Jesus gehen, auf den die Bibel hinweist, verkennen wir das Ziel des Bibellesens.

was man ihnen manchmal vorwirft zu sein, nämlich „Bibelanbeter" – also Menschen, die die Bibel zum Götzen machen. Nein, wir beten nicht die Bibel an; wir beten den Jesus der Bibel an. Stellt euch einmal einen jungen Mann vor, der verliebt ist. Er hat eine Freundin, die ihm sein Herz geraubt hat. Vielleicht ist sie auch schon seine Verlobte oder seine Frau, und er ist sehr in sie verliebt. In seinem Portemonnaie hat er ein Foto von seiner großen Liebe, weil ihn das Bild an sie erinnert, wenn sie weit weg ist. Manchmal, wenn niemand hinsieht, holt er vielleicht sogar das Foto heraus und küsst es. Aber das Foto zu küssen ist nicht das Wahre, es ist nur ein schlechter Ersatz. Genauso ist es mit der Bibel. Wir lieben sie nur deshalb, weil wir den lieben, von dem sie spricht.

Dies ist der wichtigste Schlüssel, um die Schrift zu verstehen. Die Bibel ist Gottes Bild von Jesus. Sie bezeugt, wer Jesus ist. Wir müssen also immer Jesus suchen, wenn wir die Bibel lesen. So ist etwa das Gesetz des Alten Testaments unser „Erzieher", der uns zu Jesus führt (Galater 3,24). Weil es uns für unseren Ungehorsam verurteilt, macht es Jesus lebensnotwendig für uns. Es zieht uns zu ihm – zu dem Einzigen, von dem wir Vergebung erlangen können.

Mein nächster Punkt ist, dass die alttestamentlichen Opfer auf jenes vollkommene Opfer für unsere Sünde hinweisen, das ein für alle Mal am Kreuz stattgefunden hat: Jesus Christus, der sich geopfert hat, um uns zu erlösen. Ein weiteres Beispiel ist die Lehre der alttestamentlichen Propheten, die vom Kommen des Messias sprechen. Sie bezeichnen ihn als König aus dem Stamm Davids, unter dessen Herrschaft Friede und Gerechtigkeit herrschen und dessen Königreich Bestand hat. Sie schreiben von ihm, dass er der „Same Abrahams" sei, durch den alle Nationen der Welt gesegnet sein werden. Sie beschreiben ihn als den „leidenden Gottesknecht", der für die Sünden seines Volkes sterben wird und als „Sohn des Menschen", der „auf den Wolken des Himmels" kommt und dem alle Menschen dienen werden. All diese facettenreichen Bilder der alttestamentlichen Prophetien geben Zeugnis über Jesus.

> Die Bibel ist Gottes Bild von Jesus.

Wenn wir uns das Neue Testament ansehen, bemerken wir einen noch klareren Fokus auf Jesus. Überall in den Evangelien finden wir ihn. Sie berichten von seiner Geburt und seinem öffentlichen Wirken, von seinen Worten und Taten, von seinem Tod und seiner Auferstehung, von seiner Himmelfahrt und von dem Geschenk des Heiligen Geistes. Die Apostelgeschichte berichtet davon, was Jesus durch seine Apostel, die er erwählt und beauftragt hatte, weiterhin tat und lehrte. Die Briefe der Apostel berichten weiter von der Herrlichkeit Jesu als Mensch und Gott und von seinem Erlösungswerk.

Auch im letzten Buch der Bibel, der Offenbarung, begegnet uns Jesus überall. Dort sehen wir ihn, wie er auf Erden eine Gemeinde nach der anderen aufsucht, wie er mit Gott auf dem Himmelsthron sitzt, wie er auf einem weißen Pferd als der Überwinder kommt, in Macht und Herrlichkeit.

Von Theologen früherer Epochen hörte man oft, dass in gleicher Weise, wie jeder Pfad und jede Straße in England letztendlich nach London führe, auch jeder Vers und jeder Textabschnitt in der Bibel durch die Verknüpfung mit anderen Stellen letztendlich zu Jesus führe. Die Schrift gibt Zeugnis über Jesus. Das ist die erste Wahrheit, die uns Johannes 5 ganz deutlich lehrt.

## Jesus gibt Zeugnis über die Heilige Schrift

Als Jesus über die Zeugenaussage von Johannes dem Täufer sprach, bezeichnete er sie als Zeugnis von einem Menschen (Johannes 5,33-34) und fügte hinzu, dass sein Zeugnis über ihn „nicht […] von einem Menschen" war. Das Zeugnis, das für ihn sprach, war ein größeres. Es war das Zeugnis seines Vaters durch seine Werke (V. 36) und sein Wort (V. 38). Wir haben hier also die klare Aussage von Jesus, dass die alttestamentlichen Schriften das „Wort" seines Vaters sind und dass dieses biblische Zeugnis nicht von Menschen kam, sondern von Gott.

Dieser Gedanke prägte auch stets die Lehre Jesu. Und die Tatsache, dass die Bibel laut Jesus eine Autorität besitzt, die von Gott kommt, ist auch der Hauptgrund, warum wir uns der Autorität der Bibel unterordnen möchten. Wenn wir diesen Punkt verstehen (und das müssen wir), dann müssen wir zwischen dem Alten und dem Neuen Testament unterscheiden. Natürlich sind beide Teil der Bibel. Aber Jesus wurde sozusagen in der Mitte geboren – er lebte und starb zwischen den beiden Testamenten. Folglich beglaubigt er beide Testamente auf zwei verschiedene Weisen. Er blickte auf das Alte Testament zurück und sah das Neue Testament im Voraus. Aber er beglaubigte sie beide.

### a) Jesus bestätigte das Alte Testament

Er bezeichnete es nicht nur als das „Wort" und das „Zeugnis" seines Vaters, wie wir bereits gelesen haben, sondern er sagte auch: „…die Schrift kann nicht aufgelöst werden" (Johannes 10,35). Zu Beginn der Bergpredigt verkündete er: „Meint nicht, dass ich gekommen sei, das Gesetz oder die Propheten aufzulösen; ich bin nicht gekommen aufzulösen, sondern zu erfüllen. Denn wahrlich, ich sage euch: Bis der Himmel und die Erde vergehen, soll auch nicht ein Jota oder ein Strichlein von dem Gesetz vergehen, bis alles geschehen ist" (Matthäus 5,17-18). Seine persönliche Haltung gegenüber den Schriften des Alten Testaments war von ehrfürchtiger Unterordnung geprägt, denn er glaubte daran, dass er sich dem Wort des Vaters unterordnete, indem er sich dem niedergeschrieben Wort unterordnete. Und weil er daran glaubte, dass dieses Wort von Gott kam, deutete er seine Mission als Messias im Licht des prophetischen Zeugnisses über diese Mission. Und er fügte hinzu, dass bestimmte Dinge noch passieren müssen, weil die Schrift erfüllt werden muss.

Jesus hielt sich außerdem an die moralischen Gebote des Alten Testaments. So berief er sich auch auf das, was in den Schriften stand, als er bei seiner Versuchung in der Wüste von Judäa dem Teufel befahl, ihn zu verlassen. Wie ausgeklügelt die Versuchungen des Teufels auch sein mochten, Jesus war darauf vorbereitet, weder auf ihn zu hören noch sich auf Verhandlungen mit ihm einzulassen. Er war fest entschlossen, Gott zu gehorchen und nicht dem Teufel, und wenn etwas in der Schrift stand, war die Sache für ihn erledigt (z.B. Lukas 4,4; 4,8; 4,12).

Jesus berief sich auch in allen seinen Streitgesprächen mit den religiösen Anführern seiner Zeit auf die Bibel als Begründung für seine Argumente. Er diskutierte oft mit Menschen, und bei jeder Gelegenheit berief er sich auf die Schriften. Er kritisiert die Pharisäer dafür, dass sie ihre Traditionen zu den Schriften hinzufügten und die Sadduzäer dafür, dass sie alles Übernatürliche (z.B. die Auferstehung) aus den Schriften herausnahmen. Auf diese Weise ehrte Jesus die Schriften als das Wort seines Vaters, dem man glauben und gehorchen sollte. Er ließ nicht zu, dass sie verändert wurden, weder durch Hinzufügen noch durch Weglassen von Dingen.

> Es ist unvorstellbar, dass ein Christ, der Jesus als seinen Lehrer und Herrn anerkennt, das Alte Testament auf eine niedrigere Stufe stellt, als Jesus selbst es tat.

Natürlich verkündete er, dass mit ihm die Zeit der „Erfüllung" gekommen war (z.B. Markus 1,14-15) und dass deswegen die Zeit des Wartens vorüber war. Wie diejenigen, die ihm nachfolgten, schon bald erkannten, bedeutete das auch, dass das Reich Gottes für heidnische Menschen in gleicher Weise offen war wie für Menschen jüdischer Abstammung und dass das jüdische System von Zeremonien nun nicht mehr notwendig war. Dazu gehörten auch Speisevorschriften (Markus 7,19) und vor allem die Opfer, bei denen Blut vergossen wurde.

In den Evangelien wird jedoch nirgends davon berichtet, dass sich Jesus den Lehren oder den ethischen Grundsätzen des Alten Testaments widersetzte. Was er anfocht, waren die Fehlinterpretationen und Verfälschungen des Alten Testaments durch die Schriftgelehrten. Das war sein Anliegen in der Bergpredigt, in der er auch tatsächlich sechsmal sagte: „Ihr habt es so gehört, aber ich sage euch etwas anderes". Was die Menschen „gehört" hatten, waren die sogenannten „Traditionen der Alten". Diese Traditionen waren es, die er kritisierte – nicht das, was Mose im Gesetz lehrte. Denn was in den Schriften stand, nahm er als das Wort seines Vaters an.

Wenn dem so ist – und die Belege dafür sind überwältigend – müssen wir zusätzlich bedenken, dass ein Jünger nicht über seinem Lehrer steht. Es ist unvorstellbar, dass ein Christ, der Jesus als seinen Lehrer und Herrn anerkennt, das Alte Testament auf eine niedrigere Stufe stellt, als Jesus selbst es tat. Wo ist der Sinn dabei, Jesus „Lehrer" und „Herr" zu nennen und sich ihm zu widersetzen? Wir haben nicht die Freiheit, uns ihm zu widersetzen. Seine Ansicht über die Schrift muss unsere werden. Er hat der Schrift geglaubt, also müssen auch wir ihr glauben. Er hat der Schrift gehorcht, also müssen auch wir ihr gehorchen. Er bestätigte ausdrücklich ihre Autorität.

### b) Jesus ebnete den Weg für das Niederschreiben des Neuen Testaments

Gott berief die Propheten des Alten Testaments dazu, das niederzuschreiben und zu deuten, was er tat, und er „sandte" sie, um die Kinder Israels zu lehren. Und in der gleichen Art und Weise berief Jesus die Apostel, um das niederzuschreiben und zu deuten, was er tat und sagte, und er „sandte" sie, um die Gemeinde zu lehren – und tatsächlich auch die Welt. Dies ist die Bedeutung des Wortes *apostolos* – eine Person, die mit einer Botschaft auf eine Mission „gesendet" wird. Hinter dieser Parallele zwischen den Propheten des Alten Testaments und den Aposteln des Neuen Testaments steht eine Absicht. Jesus wählte zwölf Jünger aus, damit diese mit ihm unterwegs waren – um seine Worte zu hören, seine Werke zu sehen und dann Zeugnis davon zu geben, was sie gesehen und gehört hatten (vgl. Markus 3,14; Johannes 15,27). Dann versprach er ihnen den Heiligen Geist, damit dieser sie an seine Lehre erinnerte und sie vervollständigte und sie in alle Wahrheit führte (Johannes 14,25-26; 16,12-13). Das erklärt, warum Jesus folglich zu den Aposteln sagen konnte: „Wer euch hört, hört mich; und wer euch verwirft, verwirft mich; wer aber mich verwirft, verwirft den, der mich gesandt hat" (siehe Matthäus

10,40; Lukas 10,16; Johannes 13,20). Anders ausgedrückt: Er gab ihnen seine Autorität, sodass sich durch die Haltung der Menschen zu ihrer Lehre zeigte, welche Haltung sie zu seiner Lehre hatten. Später nahm Jesus noch Paulus und vielleicht ein oder zwei andere in das Team der Apostel auf und gab ihnen die gleiche apostolische Autorität.

Die Apostel selbst erkannten die ganz besondere Autorität, die sie als Lehrer der Gemeinde zugeteilt bekommen hatten. Ohne zu zögern nutzten sie jede Gelegenheit, um sich selbst mit den alttestamentlichen Propheten gleichzustellen, denn schließlich waren sie Träger von „Gottes Wort" (z.B. 1. Thessalonicher 2,13). Sie sprachen und schrieben im Namen Jesus und mit seiner Autorität. Sie erließen Gebote und erwarteten Gehorsam (z.B. 2. Thessalonicher 3). Sie gaben sogar Anweisung darüber, dass ihre Briefe in den öffentlichen Versammlungen vorgelesen werden sollten, wenn Christen und Christinnen zusammenkamen, um Gott anzubeten, und betrachteten sie damit gleich wie die Schriften des Alten Testaments (z.B. Kolosser 4,16; 1. Thessalonicher 5,27). Die Gewohnheit, auch heute noch in Kirchen eine Lesung aus dem Alten Testament und eine aus dem Neuen Testament zu haben, hat darin ihren Ursprung.

Ein bemerkenswertes Beispiel dafür, wie sehr sich Paulus seiner apostolischen Autorität bewusst war, finden wir im Galaterbrief. Er hatte den Weg über das Taurusgebirge bis zur Hochebene von Galatien auf sich genommen, um sie zu besuchen, und er als er ankam, war er ein kranker Mann. Er erwähnt eine Art Krankheit, die vielleicht sein Sehvermögen angegriffen hatte (Galater 4,13-16) und schreibt in weiterer Folge: „[Ihr habt mich] nicht verachtet noch verabscheut, sondern wie einen Engel Gottes nahmt ihr mich auf, wie Christus Jesus" (V. 14). Sie hatten ihn nicht nur als Gottes „Engel" oder Boten willkommen geheißen, sondern tatsächlich so auf ihn gehört, als wäre er Jesus selbst. Beachten wir, dass er sie deswegen nicht zurechtweist. Er sagt nicht: „Was in aller Welt habt ihr euch nur dabei gedacht, dass ihr mir die Ehrerbietung erwiesen habt, die ihr Jesus Christus erweisen würdet?" Nein – er lobt sie für die Art und Weise, wie sie ihn behandelt hatten. Es war nicht bloße Höflichkeit, die sie dazu angehalten hatte, einen Fremden willkommen zu heißen. Es war mehr als das. Sie hatten ihn als einen Botschafter Gottes anerkannt, einen Apostel, der im Namen Jesu und mit seiner Autorität zu ihnen gekommen war. Und so empfingen sie ihn, als wäre er Christus.

Nicht nur die Apostel waren sich darüber im Klaren, dass ihnen die Autorität der Lehre verliehen worden war. Die frühe Kirche verstand das ebenso. Nachdem alle Apostel gestorben waren, war denjenigen, die die Gemeinde leiteten klar: Für sie hatte eine post-apostolische Ära begonnen.

Es gab nun niemanden mehr in der Gemeinde, der die Autorität eines Paulus, eines Petrus oder eines Johannes hatte. Bischof Ignatius von Antiochien (110 n.Chr.), der schon sehr bald nach dem Tod des letzten überlebenden Apostels Johannes sein Amt ausübte, ist wahrscheinlich das früheste Beispiel dafür. Auf dem Weg nach Rom, wo er hingerichtet werden sollte, schrieb Ignatius einige Briefe an die Gemeinden in Ephesus, Rom, Tralles und andere. Darin schrieb er mehrmals: „Nicht wie Petrus und Paulus befehle ich euch. Jene waren Apostel, ich bin ein Verurteilter". Nun war Ignatius ein Bischof in der Gemeinde Gottes. Und dennoch wusste er, dass er kein Apostel war und deshalb nicht die Autorität eines Apostels hatte. Für die frühe Kirche war dieser Unterschied ganz klar. Und als man schließlich im dritten Jahrhundert den Kanon des Neuen Testaments festlegte, war der Test für die Aufnahme eines Buches in den Kanon seine Apostolizität.

Wurde die Auswahl eines Buches diskutiert, so stellte man also die eine Schlüsselfrage: Wurde es von einem Apostel geschrieben? Wenn nicht, entstammte es dem Kreis der Apostel? Beinhaltete es die Lehren der Apostel? Hatte es das Gütesiegel der Apostel? Wenn nachgewiesen werden konnte, dass ein Buch auf eine dieser Arten „apostolisch" war, dann war ihm ein Platz im Kanon der neutestamentlichen Schriften sicher.

Es ist von essenzieller Bedeutung, dass wir heute wieder das Verständnis von der einzigartigen Autorität der Apostel erlangen, die Jesus berufen hatte. Sie waren Augenzeugen des auferstandenen Herrn (Apostelgeschichte 1,21-26; 1. Korinther 9,1; 15,8-10), die einen besonderen Auftrag von ihm erhielten und dafür in besonderer Weise von ihm inspiriert wurden. Wir haben daher kein Recht darauf, das abzulehnen, was sie lehren, als ob es sich dabei einfach nur um ihre persönlichen Ansichten handeln würde. Sie sprachen und schrieben nicht in ihrem eigenen Namen, sondern im Namen Jesu.

## Schlussfolgerung

Fassen wir zusammen. Jesus Christus ist der Grund, warum wir der Bibel glauben. Er bestätigte das Alte Testament und ebnete den Weg für das Neue Testament, indem er den Aposteln seine Autorität gab. Deshalb empfangen wir die Bibel von Jesus selbst, aus seiner Hand. Er selbst ist es, der ihr seine Autorität verliehen hat. Und da wir uns entschlossen haben, uns ihm unterzuordnen, sind wir auch entschlossen, uns der Bibel unterzuordnen. Was wir über die Schrift lehren, steht in enger Verbindung zu unserer Treue gegenüber Jesus Christus. Wenn er unser Lehrer und Herr ist, haben wir nicht die Freiheit, uns ihm zu widersetzen. Unsere Ansicht über die Schrift muss die gleiche sein wie seine.

An diesem Punkt haben einige Leute verständliche Einwände. „Die Heilige Schrift gibt Zeugnis über Jesus und Jesus gibt Zeugnis über die Schrift" sagen sie, und fassen damit richtig zusammen, was wir eben erläutert haben.

Sie fahren fort: „Doch dieses wechselseitige Zeugnis, bei dem das eine das jeweils andere bezeugt, ist doch bestimmt ein Zirkelschluss, oder? Setzt es nicht gerade die Wahrheit bereits voraus, die man beweisen will? Oder anders gesagt: Um zu demonstrieren, dass die Heilige Schrift inspiriert ist, beruft man sich auf das, was Jesus lehrte. Aber die inspirierte Schrift ist der einzige Grund, warum man das glaubt, was Jesus lehrte. Ist das nicht ein Zirkelschluss und daher ein ungültiges Argument?" Tatsächlich ist es wichtig, sich mit diesem Einwand auseinanderzusetzen. Unser Argument wird hier jedoch nicht richtig dargestellt, da unsere Argumentation linear ist und kein Zirkelschluss ist.

> Deshalb empfangen wir die Bibel von Jesus selbst, aus seiner Hand.

Ich würde es folgendermaßen erklären: Wenn wir zum ersten Mal das biblische Zeugnis über Jesus hören, lesen wir das Neue Testament ohne jede vorgefasste Lehre bezüglich seiner Inspiration. Wir erkennen es einfach als eine Sammlung von historischen Dokumenten aus dem ersten Jahrhundert an, was es auch tatsächlich ist. Durch dieses historische Dokument führt uns jedoch der Heilige Geist – ohne jedwede Theorie über die Inspiration der Bibel – zum Glauben an Jesus. Und dieser Jesus, dem wir unseren Glauben geschenkt haben, führt uns zurück zur Bibel und lehrt uns ein Schriftverständnis, das wir nicht hatten, als wir begonnen haben, zu lesen. Denn nun teilt er uns mit, dass das historische Zeugnis der Schrift auch eine Zeugenaussage Gottes ist und dass sein Vater durch das Wirken von Menschen – also das Wirken der Propheten und der Apostel – Zeugnis über ihn ablegt.

Wenn immer ihr die Bibel lest, möchte ich euch bitten, ihren wichtigsten Zweck im Auge zu behalten. Die Schrift ist das Zeugnis des Vaters über den Sohn. Sie weist auf ihn hin. Sie sagt uns: „Geht zu Jesus, um Leben – ja, Leben im Überfluss – in ihm zu finden". Jede Auseinandersetzung mit dem Text der Bibel, die nicht dazu führt, dass wir mit noch mehr Hingabe an Jesus glauben, ihn mehr lieben, ihn mehr anbeten und ihm noch mehr gehorchen, führt daher ernsthaft am Sinn der Sache vorbei. In diesem Fall gilt die Zurechtweisung von Jesus auch für uns: „Ihr erforscht die Schriften, denn ihr meint, in ihnen ewiges Leben zu haben, und sie sind es, die von mir zeugen; und ihr wollt nicht zu mir [von dem sie zeugen] kommen, damit ihr Leben habt".

Wie Luther zu sagen pflegte: Die Schrift ist die Krippe oder die „Wiege", in der das Jesuskind liegt. Untersuchen wir nicht die Wiege, während wir dabei vergessen, dem Baby Lob und Ehre zu bringen. Wir könnten auch sagen, dass die Schrift der Stern ist, der immer noch weise Menschen zu Jesus führt. Erlauben wir unserer astrologischen Neugierde nicht, uns so zu vereinnahmen, dass wir das Haus verpassen, zu dem die Schrift als Stern führt, und am Christuskind selbst vorbeigehen, das darin ist. Oder wir könnten auch sagen, dass die Schrift die Schatulle ist, in der Jesus Christus als der Juwel liegt, um betrachtet zu werden. Bewundern wir nicht die Schatulle, während wir dabei den Juwel übersehen.

> Es genügt nicht, eine Bibel zu besitzen, die Bibel zu lesen, die Bibel zu lieben, die Bibel zu studieren, die Bibel zu kennen. Wir müssen uns die Frage stellen: *Steht der Jesus, der uns in der Bibel begegnet, in unserem Leben im Mittelpunkt?*

Wir sehen also: Es genügt nicht, eine Bibel zu besitzen, die Bibel zu lesen, die Bibel zu lieben, die Bibel zu studieren, die Bibel zu kennen. Wir müssen uns die Frage stellen: *Steht der Jesus, der uns in der Bibel begegnet, in unserem Leben im Mittelpunkt?* Wenn nicht, dann ist all unser Bibellesen vergeblich, denn dies ist der eine große Zweck, zu dem die Bibel existiert.

# 3

## Der Heilige Geist und die Bibel

Wer an Jesus glaubt, weiß, dass die Heilige Schrift und der Heilige Geist irgendetwas miteinander zu tun haben müssen. Tatsächlich glauben alle Christinnen und Christen, dass die Heilige Schrift auf irgendeine Art und Weise der kreativen Schöpfungskraft des Heiligen Geistes entstammt. „Er hat durch die Propheten gesprochen" – so lautet einer unserer Glaubenssätze, den wir in Bezug auf den Heiligen Geist immer wieder betonen. Diese Aussage findet sich in vielen ähnlichen Sätzen wieder, die wir im neuen Testament lesen. Unser Herr Jesus selbst zitierte zum Beispiel Psalm 110: „David selbst hat im Heiligen Geist gesagt:…" (Markus 12,36). Ähnlich schrieb der Apostel Petrus in seinem zweiten Brief: „...von Gott her redeten Menschen, getrieben von Heiligem Geist" (2. Petrus 1,21). Der Bedeutung dieses griechischen Wortes nach wurden sie vom Heiligen Geist wie von einem starken Wind „getrieben". Zwischen der Bibel und dem Heiligen Geist gibt es also eine wichtige Beziehung, mit der wir uns näher beschäftigen sollten.

Bisher haben wir festgestellt, dass Gott der Autor der Bibel ist und dass ihr wichtigster Inhalt Jesus Christus ist. Nun müssen wir hinzufügen, dass der Heilige Geist ihr *Akteur* ist. Das christliche Bibelverständnis beruht also im Wesentlichen auf der Lehre der Dreieinigkeit. Die Bibel kommt von Gott, stellt Jesus in den Mittelpunkt und ist vom Heiligen Geist inspiriert. Die beste Definition der Bibel ist also auch trinitarisch: „Die Bibel ist das Zeugnis des Vaters über den Sohn durch den Heiligen Geist".

Worin besteht nun eigentlich genau die Rolle des Heiligen Geistes im Prozess der Offenbarung? Um diese

> Die Bibel kommt von Gott, stellt Jesus in den Mittelpunkt und ist vom Heiligen Geist inspiriert.

Frage zu beantworten wenden wir uns an die Bibel und lesen in 1. Korinther 2,6-16 nach.

> Wir reden aber Weisheit unter den Vollkommenen, jedoch nicht Weisheit dieses Zeitalters, auch nicht der Fürsten dieses Zeitalters, die zunichtewerden, sondern wir reden Gottes Weisheit in einem Geheimnis, die verborgene, die Gott vorherbestimmt hat, vor den Zeitaltern, zu unserer Herrlichkeit. Keiner von den Fürsten dieses Zeitalters hat sie erkannt – denn wenn sie sie erkannt hätten, so würden sie wohl den Herrn der Herrlichkeit nicht gekreuzigt haben –, sondern wie geschrieben steht:

> „Was kein Auge gesehen
>     und kein Ohr gehört hat
>   und in keines Menschen Herz gekommen ist,
>       was Gott denen bereitet hat, die ihn lieben".

> Uns aber hat Gott es offenbart durch den Geist, denn der Geist erforscht alles, auch die Tiefen Gottes. Denn wer von den Menschen weiß, was im Menschen ist, als nur der Geist des Menschen, der in ihm ist? So hat auch niemand erkannt, was in Gott ist, als nur der Geist Gottes. Wir aber haben nicht den Geist der Welt empfangen, sondern den Geist, der aus Gott ist, damit wir die Dinge kennen, die uns von Gott geschenkt sind. Davon reden wir auch, nicht in Worten, gelehrt durch menschliche Weisheit, sondern in Worten, gelehrt durch den Geist, indem wir Geistliches durch Geistliches deuten. Ein natürlicher Mensch aber nimmt nicht an, was des Geistes Gottes ist, denn es ist ihm eine Torheit, und er kann es nicht erkennen, weil es geistlich beurteilt wird. Der geistliche Mensch dagegen beurteilt zwar alles, er selbst jedoch wird von niemand beurteilt. Denn „wer hat den Sinn des Herrn erkannt, wer, der ihn unterweisen könnte?" Wir aber haben Christi Sinn.

Es ist wichtig, dass wir diesen Text in seinem größeren Kontext betrachten. Bis zu diesem Punkt hatte Paulus im ersten Korintherbrief die „Torheit" des Evangeliums betont. So schreibt er etwa: „Denn das Wort vom Kreuz ist denen, die verloren gehen, Torheit…" (1,18) und „…[wir predigen] Christus als gekreuzigt, für Juden ein Anstoß und für Nationen eine Torheit…" (1,23). Oder wie wir es heute ausdrücken würden: Die Botschaft vom Kreuz klingt dumm, ja bedeutungslos in den Ohren der Intellektuellen dieser Welt. Paulus fügt also eine Korrektur hinzu, falls seine Leserschaft denkt, dass er Weisheit generell ablehnt und stattdessen Torheit verherrlicht. Heißt das nun, dass der Apostel antiintellektuell ist? Verachtet er Erkenntnis und den Einsatz des Verstandes? Nein, bestimmt nicht.

Verse 6-7: „Wir reden aber Weisheit unter den Vollkommenen […] Gottes Weisheit in einem Geheimnis, die verborgene, die Gott vorherbestimmt hat, vor den Zeitaltern, zu unserer Herrlichkeit". Den Kontrast, den Paulus hier aufzeigt, dürfen wir nicht übersehen. Er schreibt: Wir vermitteln Wissen, aber a) nur den „Vollkommenen" (damit sind die „geistlich reifen Menschen" (NGÜ) gemeint), nicht Menschen, die nicht an Jesus glauben oder noch sehr jung im christlichen Glauben sind; b) Gottes Weisheit, nicht die Weisheit der Welt und c) zu unserer Herrlichkeit, also damit wir letztendlich vollendet werden, indem wir an Gottes Herrlichkeit Anteil haben, und nicht nur, damit wir in Jesus Rechtfertigung erlangen. Wir müssen dem Beispiel des Apostels folgen. Wenn wir Menschen, die nicht an Jesus glauben, das Evangelium weitergeben, müssen wir uns auf die „Torheit" der Botschaft von Jesus Christus konzentrieren, der für sündige Menschen ans Kreuz ging. Wenn wir jedoch Christinnen und Christen zur vollen Reife führen wollen, sollte es unser Ziel sein, ihnen die Augen für Gottes ganzen Plan zu öffnen. Paulus bezeichnet dies in Vers 7 als „Gottes Weisheit […], die verborgene" und in Vers 9 als das, „was Gott denen bereitet hat, die ihn lieben". Und er betont, dass all das nur durch Offenbarung erkannt werden kann. „Keiner von den Fürsten dieses Zeitalters" (Menschen in weltlichen Führungspositionen) verstand dies, sonst hätten sie „den Herrn der Herrlichkeit" nicht gekreuzigt (V. 8). Sie waren jedoch keine Ausnahme. Alle Menschen sind in ihrer Natur unwissend in Bezug auf Gottes Weisheit und seinen Plan.

Gottes Plan ist, wie Paulus schreibt (V. 9) etwas, „was kein Auge gesehen hat" (er ist unsichtbar), was „kein Ohr gehört hat" (er ist nicht hörbar) und was „kein Mensch sich jemals auch nur vorstellen" kann (NGÜ) (er ist nicht mit Vorstellungskraft zu erfassen). Er liegt außerhalb der Reichweite der menschlichen Augen und Ohren und des menschlichen Verstandes. Er lässt sich nicht wissenschaftlich erforschen und nicht einmal durch poetische Vorstellungskraft begreifen. Alles in allem geht er über unseren kleinen, beschränkten Verstand hinaus, außer Gott offenbart ihn uns – und das ist genau das, was Gott getan hat! Hört noch einmal hin: „Was kein Auge gesehen und kein Ohr gehört hat und in keines Menschen Herz gekommen ist, was Gott denen bereitet hat, die ihn lieben" – diese unvorstellbare Herrlichkeit seines Plans hat Gott „uns […] offenbart durch den Geist". Das Wort „uns" ist betont, und in diesem Kontext muss es sich auf den Apostel Paulus beziehen, der diese Zeilen schrieb, und auf die anderen Apostel, die mit ihm gemeinsam Gott dienten – nicht auf uns alle. Gott offenbarte besonderen „Organen der Offenbarung" (den Propheten im Alten Testament und den Aposteln im Neuen Testament) diese Wahrheiten durch besondere Offenbarung, nämlich „durch den Geist". Der Heilige Geist ist derjenige, der diese Offenbarung ausführte.

Ich befürchte, all das ist eine ziemlich lange Einleitung, die uns dabei helfen soll, den Kontext zu verstehen, in dem sich Paulus mit dem Heiligen Geist als Akteur der Offenbarung beschäftigt. Was er in weiterer Folge schreibt ist eine Aussage, die uns in ihrer Vollständigkeit zum Staunen bringt. Paulus umreißt die vier Phasen, in denen der Heilige Geist als Akteur der Offenbarung Gottes wirkt.

## Der erforschende Geist

Zunächst: Der Heilige Geist ist der Geist, der erforscht (V. 10-11). Ganz nebenbei bemerkt: Wir sehen hier, dass der Heilige Geist eine Person ist. Nur Personen können „forschen" oder etwas „erforschen". Computer können ohne Zweifel hochkomplexe mechanische oder analytische Recherchen durchführen. Aber zu richtiger Forschung gehört mehr als nur das Sammeln und Analysieren statistischer Daten. Dazu braucht es eigenständiges Denken. Und dies ist die Arbeit des Heiligen Geistes, denn er hat einen Verstand, mit dem er denkt. Weil er eine göttliche Person ist (und kein Computer oder irgendeine unbestimmte Einflussquelle oder Macht), müssen wir es uns zur Gewohnheit machen, den Heiligen Geist als „er" und nicht als „es" zu bezeichnen.

Paulus erwähnt kurz zwei faszinierende Bilder, um auf die einzigartigen Fähigkeiten des Heiligen Geistes im Prozess der Offenbarung hinzuweisen.

Das erste Bild besteht darin, dass „der Geist [alles erforscht], auch die Tiefen Gottes" (V. 10). Es ist das gleiche Verb, das Jesus in Bezug auf die Juden benutzte, als er sagte: „Ihr erforscht die Schriften". Der Heilige Geist wird als ein unendlich wissbegieriger Forscher dargestellt, oder vielleicht sogar als ein Tiefseetaucher, der die tiefsten Tiefen des unergründlichen Wesens des allmächtigen Gottes ergründen möchte. Gottes Wesen ist unendlich in seiner Tiefe. Und Paulus scheut sich nicht, zu sagen, dass der Geist Gottes diese Tiefen erforscht. Anders ausgedrückt – Gott selbst erforscht sein so unerschöpfliches und facettenreiches eigenes Wesen.

Das zweite Modell oder Bild, das Paulus verwendet, beruht auf dem Selbstverständnis des Menschen. Vers 11: „Denn wer von den Menschen weiß, was im Menschen ist, als nur der Geist des Menschen, der in ihm ist?" Im Menschen sind Dinge, wie zum Beispiel Gedanken und alles andere, was wir sonst noch zum Menschsein zählen. Eine Ameise kann niemals begreifen, wie es ist, ein Mensch zu sein. Auch ein Frosch oder ein Hase sind dazu nicht imstande, ja nicht einmal der intelligenteste Affe. Und es ist auch nicht möglich, dass ein Mensch einen anderen Menschen vollkommen versteht. Wie oft sagen wir: „Du verstehst das einfach nicht! Niemand versteht mich!" – vor allem als Jugendliche, in der Phase des Erwachsenwerdens. Und das stimmt! Niemand versteht mich außer mir selbst. Und sogar ich selbst kann mich nur begrenzt verstehen. Und genauso versteht dich niemand außer dir selbst. Diesen Maßstab des Selbstverständnisses oder der Selbsterkenntnis wendet Gott auf den Heiligen Geist an: „So hat auch niemand erkannt, was in Gott ist, als nur der Geist Gottes" (V. 11). Hier wird der Heilige Geist Gottes beinahe mit dem Selbstverständnis und der Selbsterkenntnis gleichgestellt, die Gott von sich hat. Genauso, wie niemand einen Menschen verstehen kann, außer dem Menschen selbst, kann auch niemand Gott verstehen außer Gott selbst. In einer alten englischen Hymne von Charles Wesley finden wir die Zeile: „God only knows the love of God" – „Nur Gott kennt die Liebe Gottes". Und genauso könnten wir bejahen, dass nur Gott die Weisheit Gottes kennt, ja, dass nur Gott das Wesen Gottes kennt.

Der Geist erforscht also die Tiefen Gottes und der Geist erkennt „was in Gott ist", Gottes Gedanken und sein Wesen. Das Verständnis, das er von Gott hat, ist einzigartig. Die Frage ist: Was hat er mit dem gemacht, was er erforscht und herausgefunden hat? Hat er sein besonderes Wissen für sich behalten? Nein. Er hat das getan, wozu nur er imstande ist – er hat es offenbart. Der erforschende Geist ist zum offenbarenden Geist geworden.

## Der offenbarende Geist

Das Wissen, das nur der Heilige Geist empfangen hat, hat auch nur er allein weitergegeben. Das wurde bereits in Vers 10 erwähnt: „Uns [den Aposteln] aber hat Gott es offenbart durch den Geist…". Und in Vers 12 schreibt Paulus: „Wir aber…" (es ist das gleiche apostolische „wir", also apostolische Autorität im Plural) „…haben nicht den Geist der Welt empfangen, sondern den Geist, der aus Gott ist…" (und zwar den forschenden und wissenden Geist), „… damit wir die Dinge kennen, die uns von Gott geschenkt sind". So hat der Apostel eigentlich durch Gottes Gnade zwei Geschenke empfangen – er erfährt Gottes Gnade einerseits durch seine Errettung („die Dinge [...], die uns von Gott geschenkt sind") und empfängt andererseits Gottes Geist, der ihn dazu befähigt, diese Errettung aus Gnade zu verstehen.

Paulus selbst ist das beste Beispiel für diesen zweifachen Prozess. In seinen Briefen finden wir eine hervorragende Darstellung des Evangeliums – der

Guten Nachricht von Gottes Gnade. Er berichtet davon, was Gott für sündige Menschen wie uns getan hat – für Menschen, die vor ihm schuldig sind, sich nicht rechtfertigen können und von ihm nichts als seine Verurteilung verdienen. Er macht klar: Gott hat seinen Sohn gesandt, damit dieser am Kreuz für unsere Sünden starb und wieder auferstand. Und wenn wir mit Jesus Christus verbunden sind (innerlich durch den Glauben und äußerlich durch die Taufe), sterben wir mit ihm, werden wir mit ihm wieder zum Leben erweckt und haben in ihm ein neues Leben. Es ist ein großartiges Evangelium, das Paulus uns in seinen Briefen vor Augen führt. Aber woher weiß er das alles? Wie kann er so umfassende Aussagen über die Errettung machen? Die erste Antwort ist, dass er sie selbst empfangen hat. Er kennt Gottes Gnade aus eigener Erfahrung. Die zweite Antwort ist: Er hat den Heiligen Geist empfangen, der ihm seine eigenen Erfahrungen erklärte und auslegte. Der Heilige Geist hat ihm also Gottes Erlösungsplan offenbart – das, was Paulus in anderen Briefen „das Geheimnis" nennt. Der erforschende Geist ist zum offenbarenden Geist geworden.

## Der inspirierende Geist

Nun sind wir bereit für Stufe drei: Der offenbarende Geist ist zum inspirierenden Geist geworden. Vers 13: „Davon reden wir auch, nicht in Worten, gelehrt durch menschliche Weisheit, sondern in Worten, gelehrt durch den Geist…". Beachten wir, dass Paulus in Vers 12 davon spricht, was wir „empfangen" haben und in Vers 13 davon, was wir „reden". Ich würde seinen Gedankengang vielleicht folgendermaßen darstellen: „Wir haben aus Gnade diese Geschenke von Gott erhalten; wir haben diesen Geist empfangen, der uns das verstehen lässt, was Gott für uns getan und was er uns gegeben hat; nun geben wir anderen weiter, was wir empfangen haben". Der forschende Geist, der den Aposteln Gottes Erlösungsplan offenbart hat, hat in weiterer Folge durch die Apostel dieses Evangelium anderen mitgeteilt. So wie der Heilige Geist das, was er erforscht hat, nicht für sich selbst behalten hat, haben auch die Apostel seine Offenbarung nicht für sich selbst behalten. Nein – ihnen war klar, dass sie Verwalter dieser Offenbarung waren. Sie mussten anderen das überbringen, was sie empfangen hatten.

Diese Überbringung geschah außerdem in Worten, und zwar „nicht in Worten, gelehrt durch menschliche Weisheit, sondern in Worten, gelehrt durch den Geist…" (V. 13). Beachten wir, dass der Heilige Geist hier wieder erwähnt wird – diesmal als der inspirierende Geist. Denn was wir in Vers 13 bei Paulus lesen, ist unmissverständlich ein Anspruch auf „Verbalinspiration". Damit ist gemeint: Die Worte, in die die Apostel ihre Botschaft verpackten, die ihnen von Gottes Geist offenbart worden war, waren genau die Worte, die ihnen derselbe Geist vermittelte.

Ich vermute stark, dass das Konzept der „Verbalinspiration" heute so unpopulär ist, weil Menschen es missverstehen. Folglich lehnen sie nicht die wahre Bedeutung dieser Idee ab, sondern eine Karikatur davon. Ich möchte versuchen, einige der am weitesten verbreiteten Missverständnisse zu klären. Zunächst: „Verbalinspiration" bedeutet nicht, dass „jedes Wort der Bibel im buchstäblichen Sinne wahr ist". Nein, sondern wir sind uns vollkommen darüber im Klaren, dass die Verfasser der Bibel sich in vielen verschiedenen literarischen Genres bewegten und dass wir jedes Genre seinen Regeln entsprechend interpretieren müssen – historische Texte als historische Texte, Poesie als Poesie, Gleichnisse als Gleichnisse etc. Inspiriert ist dabei die natürliche Bedeutung der Wörter, und zwar je nach der Intention der Autoren, ob es nun wörtlich oder symbolisch gemeint ist.

Zweitens: „Verbalinspiration" ist nicht mit wörtlichem Diktat gleichzustellen. Muslime glauben, dass Allah Mohammed den Koran Wort für Wort auf Arabisch diktiert hat. Christen glauben dies in Bezug auf die Bibel nicht. Denn wie wir bereits gesehen haben – und später werde ich noch näher darauf eingehen – hat der Heilige Geist die Verfasser der Bibel als Menschen verwendet, nicht als Maschinen. Bis auf einige wenige Ausnahmen scheint es so, als wären sie im Vollbesitz all ihrer Fähigkeiten gewesen, während der Geist seine Worte durch ihre Worte zum Ausdruck brachte.

Drittens: „Verbalinspiration" bedeutet nicht, dass jeder Satz in der Bibel das Wort Gottes ist, sogar dann, wenn er aus seinem Kontext gerissen wird. Denn: Nicht alles, was in der Bibel steht, wird von der Bibel gutgeheißen. Ein gutes Beispiel dafür sind die langen Reden von Hiobs sogenannten „Tröstern". Ihre Hauptaussage, die sie immer wieder wiederholten – und zwar dass Gott Hiob für seine persönlichen Sünden bestrafte – war ein Irrtum. Im letzten Kapitel sagt Gott zweimal zu ihnen: „Denn ihr habt über mich nicht Wahres geredet" (42,7-8). Ihre Worte können also nicht als Gottes Worte betrachtet werden. Sie haben ihren Platz im Text, um bestritten zu werden, und nicht, um bestätigt zu werden. Das inspirierte Wort Gottes ist das, was bejaht wird – als Anweisung, Gebot oder Verheißung.

„Verbalinspiration" bedeutet, dass das, was der Heilige Geist durch die menschlichen Verfasser übermittelt hat und immer noch übermittelt, wahr und fehlerfrei ist, wenn wir es in seiner offensichtlichen, natürlichen Bedeutung der verwendeten Wörter verstehen. Es gibt absolut keinen Grund, uns dafür zu schämen, dass wir das als Christinnen und Christen glauben, oder uns davor zu fürchten. Im Gegenteil – es ist ein sehr vernünftiger Gedanke, denn Wörter sind die Einheiten, aus denen Sätze bestehen. Wörter sind die Bausteine der Sprache. Deswegen ist es unmöglich, eine klare Botschaft zu formulieren, ohne klare Sätze zu bauen, die aus klaren Wörtern bestehen.

Stellen wir uns einmal vor, wir könnten nur einige wenige Wörter verwenden, wie in einer SMS. Wir würden eine Nachricht senden wollen, die nicht nur verstanden, sondern auch nicht missverstanden wird. Wir würden uns also genau im Vorhinein überlegen, was wir schreiben. Wir würden hier ein Wort löschen und dort ein Wort hinzufügen, bis wir lang genug an der Nachricht gefeilt hätten und damit zufrieden wären. Wörter sind wichtig. Wer eine Rede hält und darin eine Botschaft vermitteln will, die verstanden und nicht missverstanden werden soll, weiß, wie wichtig sie sind. Jeder Prediger, der die Mühe auf sich nimmt, seine Predigten sorgfältig vorzubereiten, wählt seine Worte mit Bedacht. Wer schreibt – seien es Briefe, Artikel oder Bücher – weiß, dass Wörter wichtig sind. Hört euch einmal an, was Charles Kingsley Mitte des 19. Jahrhunderts sagte: „Ohne Worte wüssten wir nicht mehr darüber, was im Herzen und in den Gedanken unserer Mitmenschen vorgeht, als der Hund von seinem Artgenossen weiß. Denn wenn ihr recht überlegt, so denkt ihr immer in Worten…ohne sie wären all unsere Gedanken lediglich blinde Sehnsüchte, Gefühle, die wir selbst nicht verstehen könnten".

Darin besteht also der Anspruch der Apostel: Dass derselbe Heilige Geist Gottes, der die Tiefen Gottes erforscht und seine Erkenntnisse den Aposteln offenbarte, diese Erkenntnisse dann auch durch die Apostel vermittelte – und zwar durch Worte, die er selbst ihnen gab. Er vermittelte seine Worte durch ihre Worte weiter, wodurch sie gleichzeitig Gottes Worte und die Worte von Menschen waren. Dies ist die zweifache Autorschaft der Bibel, die ich bereits erwähnt habe. Und das ist auch die Bedeutung von „Inspiration". Die Inspiration der Schrift war kein mechanischer Prozess. Es war etwas sehr Persönliches, denn in diesem Prozess sprach eine Person (der Heilige Geist) durch Personen (Propheten und Apostel), und das auf eine Art und Weise, bei der seine Worte gleichzeitig ihre waren und ihre Worte gleichzeitig seine waren.

> Der gleiche Geist, der in denjenigen wirkte, die die apostolischen Briefe schrieben, wirkte auch in jenen, die sie lasen.

# Der erleuchtende Geist

Wir sind nun, was das Wirken des Heiligen Geistes als Akteur der Offenbarung betrifft, bei Stufe vier angelangt. Ich werde ihn hier als den „erleuchtenden Geist" beschreiben.

Fragen wir uns zunächst: Wie sollen wir über die Menschen denken, die die Predigten der Apostel hörten und später ihre Briefe lasen? Blieben sie auf sich selbst gestellt? Blieb ihnen nichts anderes übrig, als darum zu ringen, die Botschaft der Apostel so klar wie möglich zu verstehen? Nein. Der gleiche Geist, der in denjenigen wirkte, die die apostolischen Briefe schrieben, wirkte auch in jenen, die sie lasen. Der Heilige Geist wirkte also sozusagen an beiden Enden, indem er die Apostel inspirierte und den Zuhörenden Einsicht gab. Dies wird bereits am Ende von Vers 13 angedeutet, wobei es sich um einen komplizierten Satz handelt, der im Laufe der Zeit auf ganz unterschiedliche Weise interpretiert wurde. Die Übersetzung der Revised Standard Version bringt es in meinen Augen auf den Punkt. Darin heißt es nämlich: „And we impart this in words not taught by human wisdom but taught by the Spirit, interpreting spiritual truths to those who possess the Spirit"[1] (RSV). Den Heiligen Geist zu haben – das war nicht nur den Verfassern der biblischen Bücher vorbehalten. Sein Wirken in ihnen, die Inspiration, war bestimmt einzigartig. Doch der Geist wirkte zusätzlich auch beim Auslegen der Worte.

Dieser Wahrheit schließen sich die Verse 14 und 15 an, und sie stehen in starkem Kontrast zueinander. In Vers 14 ist zu Beginn von einem Menschen die Rede, der „Gottes Geist nicht hat" (NGÜ) (bzw. von dem „natürlichen Menschen"), also von einer Person, die nicht wiedergeboren ist und nicht an Jesus glaubt. Vers 15 beginnt jedoch mit der Erwähnung einer Person, die „den Geist Gottes hat" (NGÜ). Paulus teilt also die Menschheit in zwei ganz klare Kategorien ein: der „natürliche" und der „geistliche" Mensch. Also einerseits diejenigen, die natürliches, fleischliches oder physisches Leben haben und andererseits die, die geistliches bzw. ewiges Leben erhalten haben. Der ersten Gruppe fehlt der Heilige Geist, da sie nie von neuem geboren wurden. Aber der Heilige Geist wohnt in denen, die er zu neuem Leben geboren hat. Das entscheidende Kennzeichen von Männern oder Frauen, die wirklich Christen bzw. Christinnen sind, ist die Tatsache, dass der Heilige Geist in ihnen wohnt (Römer 8,9).

---

1. Um euch dies zu sagen, verkünden wir nicht Worte menschlicher Weisheit, sondern Worte, die der Geist uns gibt, und wir deuten geistliche Dinge für Menschen, die sich vom Geist leiten lassen (NLB).

Was macht es nun für einen Unterschied, ob wir den Heiligen Geist haben oder nicht? Es macht *den* entscheidenden Unterschied, vor allem, wenn es um unser Verständnis von geistlichen Wahrheiten geht! Ein ungeistlicher oder nicht wiedergeborener Mensch, der den Heiligen Geist nicht empfangen hat, empfängt auch nicht das, was der Geist gibt, weil es diesen Menschen wie „eine Torheit" vorkommt (V. 14). Es ist nicht nur so, dass er es nicht schafft, diese Dinge zu verstehen. Er ist nicht einmal fähig, sie zu verstehen, da sie nur „geistlich beurteilt" werden. Im Gegensatz dazu sind geistliche Menschen, also solche, die durch Christus neu geboren sind, in denen der Heilige Geist wohnt, fähig, „alles" zu beurteilen (V.15). Natürlich bedeutet das nicht, dass ein geistlicher, wiedergeborener Mensch allwissend wie Gott wird. Aber all die Dinge, für die er früher blind war und die Gott in der Heiligen Schrift offenbart hat, ergeben nun Sinn für ihn. Er versteht, was er früher nie verstanden hat, und das, obwohl er selbst nicht wirklich verstanden wird. Wörtlich heißt es: „… er selbst jedoch wird von niemand beurteilt". Er bleibt ein Rätsel, weil er ein Geheimnis in sich trägt: Das geistliche Leben und die geistliche Wahrheit, die für Menschen, die nicht glauben, keinen Sinn ergeben. Das ist allerdings kaum verwunderlich, da niemand den Sinn der Herrn erkannt hat oder ihn unterweisen könnte. Und da sie den Sinn bzw. die Gedanken von Jesus nicht verstehen, können sie auch unsere Gedanken nicht verstehen. Wir hingegen, die vom Heiligen Geist die Einsicht bekommen haben, dürfen ohne zu zögern sagen: „Wir aber haben Christi Sinn" (V. 16) – eine wirklich erstaunliche Behauptung.

Habt ihr diese Erfahrung gemacht? Ist die Bibel für euch ein ganz neues Buch geworden? William Grimshaw, der die evangelikale Bewegung im 18. Jahrhundert entscheidend prägte, erzählte nach seiner Bekehrung einem Freund, wenn Gott seine Bibel wieder zurück in den Himmel geholt und ihm eine neue heruntergeschickt hätte, wäre diese für ihn auch nicht neuer gewesen. Sie war nun ein ganz anderes Buch. Das Gleiche könnte ich auch von mir selbst sagen. Bevor ich mich bekehrte, las ich täglich in der Bibel, weil mir das von meiner Mutter so anerzogen worden war. Aber es fühlte sich an, als wäre sie in einer Fremdsprache geschrieben. Ich hatte nicht die geringste Ahnung, worum es darin überhaupt ging. Aber als ich von neuem geboren wurde und den Heiligen Geist empfing, der nun in mir wohnt, eröffnete sich mir die Bibel sofort als ein neues Buch. Natürlich behaupte ich nicht, dass ich alles verstehe. Ich bin heute noch weit davon entfernt, alles zu verstehen. Aber ich begann, Dinge zu verstehen, die ich davor nie verstanden hatte. Was für eine wunderbare Erfahrung! Betrachtet die Bibel nicht einfach nur als eine Sammlung von vermoderten, alten Dokumenten, die eigentlich in eine

Bibliothek gehören. Betrachtet ihre Seiten nicht wie Fossilien, die eigentlich in eine Vitrine in einem Museum gehören. Nein – Gott spricht durch das, was er bereits gesagt hat. Durch den alten Text der Bibel kann der Heilige Geist auch heute mit uns kommunizieren – aktuell, persönlich und mit Vollmacht. „Wer ein Ohr hat, höre, was der Geist den Gemeinden sagt!" (dieser Satz steht im Präsens: „sagt"). Gemeint ist, was er den Gemeinden durch die Schrift sagt (Offenbarung 2,7 usw.).

Vielleicht fragt ihr: Wenn der Heilige Geist durch die Schrift zu uns spricht, warum sind wir uns dann nicht alle in allen Dingen einig? Wenn der Heilige Geist Gottes Offenbarung sowohl auslegt als auch ausführt, warum lenkt er unser Denken dann nicht einheitlich? Meine Antwort auf diese Frage ist vielleicht überraschend. Und zwar behaupte ich, dass er uns eigentlich dabei hilft, uns viel öfter einig als uneinig zu sein, und dass wir uns sogar in noch mehr Dingen einige wären, wenn wir die folgenden vier Bedingungen erfüllen würden.

> Gott spricht durch das, was er bereits gesagt hat.

Erstens: *Wir müssen anerkennen, dass die Schrift die höchste Autorität hat* und den ernsthaften Wunsch haben, uns ihr unterzuordnen. Unter denen, die das tun, herrscht bereits ein hohes Maß an Einigkeit. So sind z.B. die großen und schmerzenden Unterschiede, die nach wie vor zwischen der römisch-katholischen Kirche und den protestantischen Kirchen bestehen, hauptsächlich darauf zurückzuführen, dass Rom nicht bereit ist, die Bibel als höchste Autorität anzuerkennen, die sogar über den kirchlichen Traditionen steht. Die offizielle Position Roms (die im Rahmen des zweiten vatikanische Konzils zwar abgeändert, aber nicht wirkungsvoll erneuert wurde) besagt nach wie vor, dass sowohl die „Heilige Überlieferung" als auch die Heilige Schrift „beide mit gleicher Liebe und Achtung angenommen und verehrt werden". Nun ist es nicht so, dass Protestanten die Wichtigkeit von Überlieferungen und Traditionen abstreiten, und manche von uns sollten diesen mehr Respekt entgegenbringen, denn schließlich hat der Heilige Geist auch Christinnen und Christen früherer Generationen gelehrt; er hat nicht erst bei uns damit begonnen! Und trotzdem: Wenn die Schrift und die Traditionen nicht miteinander im Einklang stehen, müssen wir der Schrift zugestehen, dass sie die Tradition reformiert. Auch Jesus bestand darauf, als er über die „Überlieferungen der Ältesten" sprach (vgl. Markus 7,1-13).

Zweitens: *Wir dürfen nicht vergessen, dass der Zweck der Schrift in erster Linie darin besteht, Jesus Christus zu bezeugen,* der allein durch sein Erlösungswerk sündige Menschen vollkommen errettet. Als die Reformatoren des 16. Jahrhunderts eine klare Sprache für die Bibel forderten und sie übersetzten, damit auch Menschen mit weniger Bildung sie selbst lesen konnten, ging es ihnen dabei um den Weg zur Erlösung. Sie stritten nicht ab, dass in der Schrift „einiges schwer zu verstehen" sei (wie Petrus in 2. Petrus 3,16 über die Paulusbriefe schrieb). Aber sie betonten mit Eifer, dass die grundlegenden Wahrheiten der Errettung für alle klar verständlich seien.

Drittens: *Wir müssen gesunde Prinzipien der Interpretation anwenden.* Ohne Zweifel besteht die Möglichkeit, die Bibel so zu verdrehen, dass sie alles bedeuten kann, was wir uns nur wünschen. Aber unsere Aufgabe ist die Auslegung der Schrift, nicht die Verdrehung der Schrift. In erster Linie müssen wir sowohl den ursprünglichen Sinn erforschen – also das, was der Autor sagen wollte – als auch die natürliche Bedeutung des Textes, die entweder wörtlich oder symbolisch sein kann, wiederum je nach der Absicht des Autors. Das sind die Prinzipien der historischen Arbeit und der Einfachheit. Wenn wir in Bezug auf diese Prinzipien Integrität und Genauigkeit bewahren, dann hat die Bibel die Kontrolle über uns, anstatt dass wir die Bibel kontrollieren. Folglich wächst das gegenseitige Einverständnis unter Christen und Christinnen.

Viertens: *Wenn wir einen biblischen Text lesen, muss uns bewusst sein, dass wir vorgefasste Meinungen aufgrund unserer eigenen Kultur haben.* Wir müssen bereit sein, diese zu hinterfragen und zu ändern. Wenn wir die Bibel lesen und dabei die stolze Annahme haben, all die Glaubenssätze und Gewohnheiten, die wir vererbt bekommen haben, seien richtig, dann finden wir in der Bibel nur das, was wir finden wollen: Eine angenehme Bestätigung des Status quo. Folglich werden wir in starke Kontroversen mit Menschen geraten, die die Bibel vor einem anderen kulturellen Hintergrund betrachten und andere Überzeugungen haben, für die sie Bestätigungen finden. Wahrscheinlich gibt es keinen häufigeren Grund für Uneinigkeit als diesen. Wir müssen dem Geist Gottes erlauben, durch das Wort Gottes jene Meinungen zu hinterfragen, an denen wir am meisten hängen. Nur dann, wenn wir genug Mut und Demut dazu haben, ist die Möglichkeit für neue Einsichten gegeben und dadurch der Weg für neue Einheit geebnet.

Die uns vom Heiligen Geist versprochene Fähigkeit, „geistlich zu unterscheiden", erhalten wir nicht, wenn wir diese vier alltäglichen Bedingungen missachten. Die Voraussetzung dafür ist, dass sie von uns akzeptiert und erfüllt werden.

# Schlussfolgerung

Wir haben uns mit dem Heiligen Geist in seinen vier Rollen beschäftigt: Dem erforschenden Geist, dem offenbarenden Geist, dem inspirierenden Geist und dem erleuchtenden Geist. Dies sind die vier Phasen, in denen er uns als Lehrer dient:

- Erstens: Er erforscht die Tiefen Gottes und kennt Gottes Gedanken.
- Zweitens: Er offenbarte seine Erkenntnisse den Aposteln.
- Drittens: Durch die Apostel vermittelte er das, was er ihnen offenbart hatte. Er tat dies in Worten, die er selbst ihnen gab.
- Viertens: Er gab den Hörenden Einsicht, damit sie das beurteilen konnten, was er den Aposteln und durch die Apostel offenbart hatte. Auch heute wirkt er noch als der erleuchtende Geist in denjenigen, die diese Einsicht erhalten möchten.

Zum Abschluss möchte ich noch zwei einfache, kurze Punkte ansprechen: Der erste Punkt betrifft *die Art, wie wir den heiligen Geist sehen.* Über die Person des Heiligen Geistes und sein Wirken gibt es heute viele Diskussionen, und diese Bibelstelle ist nur eine von vielen, in denen es um ihn geht. Aber ich möchte euch fragen: Ist in eurer Lehre über den Heiligen Geist Platz für diese Bibelstelle? Jesus nannte ihn den „Geist der Wahrheit". Wahrheit ist also sehr wichtig für den Heiligen Geist. Oh ja, ich weiß – er ist auch der Geist der Heiligkeit, der Geist der Liebe und der Geist der Macht. Aber ist er für euch der Geist der Wahrheit? Die Verse, die wir eben betrachtet haben, zeigen uns, dass Wahrheit ihm unglaublich wichtig ist. Er forscht nach ihr, er hat sie offenbart und weitergegeben. Und er erleuchtet unser Denken, damit wir sie begreifen. Liebe Freunde, verleumdet niemals die Wahrheit! Verachtet niemals die Theologie! Schätzt euren Verstand niemals gering! Wenn ihr das tut, betrübt ihr den Heiligen Geist der Wahrheit. Diese Bibelstelle sollte sich auf eure Ansicht über den Heiligen Geist auswirken.

Im zweiten Punkt geht es darum, *dass wir den Heiligen Geist brauchen.* Möchtet ihr in der Erkenntnis Gottes wachsen? Natürlich wollt ihr das. Möchtet ihr Gott in seiner Weisheit immer besser verstehen? Wünscht ihr euch mehr Einsicht in seinen vollkommenen Plan, uns eines Tages zusammen mit Christus zu verherrlichen, damit wir ihm gleich sind? Natürlich wollt ihr das. Ich wünsche

> Wir brauchen den Heiligen Geist, den Geist der Wahrheit, damit er unser Denken erleuchtet.

mir das auch. Und dafür brauchen wir den Heiligen Geist, den Geist der Wahrheit, damit er unser Denken erleuchtet. Dafür müssen wir von neuem geboren werden. Manchmal frage ich mich, ob manche säkularen Theologen und Theologinnen deswegen so viel Unsinn sagen und schreiben (wenn ich es so auszudrücken darf), weil sie nie von neuem geboren wurden (damit meine ich z.B. die Idee, dass Gott keine Person ist oder dass Jesus nicht Gott war). Es ist möglich, Theologe zu sein und nicht wiedergeboren zu sein. Ist das der Grund, warum sie diese wunderbaren Wahrheiten in der Schrift nicht erkennen? Die Bibel wird geistlich beurteilt. Wir müssen uns also mit Demut und Ehrfurcht auf die Bibel einlassen und sie erwartungsvoll lesen. Wir müssen anerkennen, dass die Wahrheiten in der Bibel so lange verschlossen und versiegelt bleiben, bis der Heilige Geist sie uns eröffnet und bis er unseren Verstand dafür öffnet. Denn Gott verbirgt diese Wahrheiten vor den Weisen und Klugen und offenbart sie nur „Babys" – denjenigen, die sich demütig und mit Ehrfurcht darauf einlassen. Wenn wir uns also auf eine Predigt vorbereiten und die Gemeinde zuhört oder wenn wir die Bibel lesen, allein oder in der Gruppe, müssen wir den Heiligen Geist um Erleuchtung bitten: „Öffne meine Augen, damit ich schaue die Wunder aus deinem Gesetz" (Psalm 119,18). Und er wird es tun.

# 4

# Die Gemeinde und die Bibel

B isher haben wir uns mit dem dreieinigen Gott beschäftigt. Wir haben uns den großartigen Prozess der Offenbarung angesehen und festgestellt, dass *Gott* der Autor ist und dass *Jesus* zum einen der Inhalt dieser Offenbarung und zum anderen der Zeuge ist, der sie beglaubigt. Und wir haben den *Heiligen Geist* als denjenigen kennengelernt, der im Prozess der Offenbarung alles ausführt. Nun kommen wir zur Gemeinde.

Was denkt ihr über die Gemeinde? Wahrscheinlich wird eure Antwort davon abhängen, ob ihr an ein Ideal von Gemeinde oder an die Realität denkt. Als Ideal ist die Gemeinde Gottes wunderbarste neue Schöpfung. Sie ist die neue Gemeinschaft, die von Jesus ins Leben gerufen wird; eine Gemeinschaft, in der Menschen unterschiedlicher Herkunft mit vielen verschiedenen kulturellen Hintergründen in Harmonie zusammenfinden. Das ist einzigartig, sowohl in der Geschichte als auch in der Gegenwart. Die Gemeinde ist sogar die „neue Menschheit", also der Vorläufer einer erlösten und erneuerten Menschheit. Die Gemeinde ist ein Volk von Menschen, die ihr Leben auf der Erde (und in der Ewigkeit) damit verbringen, Gott und anderen Menschen in Liebe zu dienen. Was für ein hehres, schönes Ideal! In der Realität sind die Gemeinde jedoch wir: ein Haufen von Leuten, die sündigen, fehlerhaft sind und untereinander ihre Scherereien haben. Lauwarme Christen, die sich dumm anstellen und immer wieder aufs Neue darin versagen, Gottes Ideal zu entsprechen und es oft nicht einmal schaffen, sich diesem Ideal auch nur im Geringsten anzunähern.

Was ist nun eigentlich der Grund für diese Kluft zwischen dem Ideal und der Realität? Warum ist die Gemeinde rund um den Erdball heute in einem so schlechten Zustand – schwach, zerspalten? Und warum gelingt es der Gemeinde kaum, die Welt zu prägen und ihr Christus nahezubringen? Ich bin sicher, dass es dafür viele Gründe gibt, aber ich denke, dass es in erster Linie daran liegt, was Amos als einen „Hunger [...] die Worte des Herrn zu hören" bezeichnet (Amos 8,11). Oder in klarer, zeitgenössischer Sprache ausgedrückt: Eine Vernachlässigung der Bibel. In der weltweiten Gemeinde mangelt es deswegen an Treue, weil sie allem voran der Offenbarung Gottes über sich selbst in der Bibel nicht treu ist. Dr. Martyn Lloyd-Jones hatte recht, als er in seinem Buch „die Predigt und der Prediger" schrieb, dass „die Perioden und Zeitabschnitte des Verfalls in der Geschichte der Kirche immer diejenigen Perioden gewesen sind, in welchen die Predigt ihre Bedeutung verlor". Mit anderen Worten: Die Gemeinde wird immer dann krank und schwächlich bleiben, wenn sie die heilende Medizin und die gesunde Nahrung des Wortes Gottes verweigert.

Wir werden uns nun zwei Bibelstellen ansehen, in denen Metaphern aus der Architektur vorkommen.

In Epheser 2,20 heißt es über die Gemeinde, nachdem sie als Gottes „Haushalt" oder „Familie" bezeichnet wurde (V. 19), sie sei „aufgebaut auf der Grundlage der Apostel und Propheten, wobei Christus Jesus selbst Eckstein ist". Das heißt also: Das, was die Autoren der Bibel lehrten, ist das Fundament, auf dem die Gemeinde steht und Jesus ist der Eckstein, der sie zusammenhält.

In 1. Timotheus 3,15 finden wir eine Umkehrung dieser Metapher. Nachdem Paulus die Gemeinde auch hier als „Haus Gottes" bezeichnet, nennt er sie nun „die Säule und Fundament der Wahrheit".

Wir sehen also in der ersten Stelle, dass die *Wahrheit* das Fundament ist und dass die *Gemeinde* das Gebäude ist, das von ihr getragen wird, während die *Gemeinde* in unserem zweiten Text das Fundament ist und die *Wahrheit* das Gebäude, das auf ihr steht.

Mir ist, als würde ich nun jemanden sagen hören: „Na, da haben wir es ja! Ich habe es doch gleich gesagt. Die Bibel ist voll von Widersprüchen". Wirklich? Moment mal. Beide Verse entstammen der Feder desselben Mannes – des Apostels Paulus. Ein bisschen logische Folgerichtigkeit sollten wir ihm zugestehen. Wir müssen uns fragen, bei welchem Vergleichspunkt die jeweilige Analogie ansetzt, um zu verstehen, was er mit den hier benutzen rhetorischen Stilmitteln sagen möchte. Wenn wir dieses Prinzip auf unsere beiden Texte anwenden, wird klar, dass sie (wie wir bereits erwarten würden), einander auf sehr schöne Weise ergänzen.

Ihr fragt euch, wie es gleichzeitig sein kann, dass die Wahrheit das Fundament der Gemeinde und die Gemeinde das Fundament der Wahrheit ist? Nun, ich möchte versuchen, eine Antwort darauf zu geben. Was Paulus in Epheser 2,20 betont, ist die Tatsache, dass die Gemeinde von der Wahrheit abhängig ist, damit sie existieren kann. Sie ist auf die Lehren der Apostel und Propheten gegründet und könnte ohne ihre Lehren (die nun in der

Schrift festgehalten sind) weder existieren noch überleben, geschweige denn aufblühen. Aber wie wir in 1. Timotheus 3,15 lesen, ist die Wahrheit von der Gemeinde abhängig, um verteidigt und verbreitet zu werden. Die Gemeinde ist dazu berufen, im Dienst der Wahrheit zu stehen, und sie bei Angriffen festzuhalten und vor den Augen der Welt hochzuhalten. Folglich *braucht die Gemeinde die Bibel*, weil sie auf ihr aufbaut. Und *die Gemeinde steht im Dienst der Bibel*, indem sie an ihr festhält und sie bekanntmacht. Dies sind die beiden einander ergänzenden Wahrheiten, die wir uns nun näher ansehen werden.

## Die Gemeinde braucht die Bibel

Die Gemeinde beruht in vielerlei Hinsicht auf der Bibel. Ich möchte einige Beispiele nennen.

### a) Die Bibel hat die Gemeinde geschaffen

Diese Aussage könnte irreführend sein, wenn wir sie absolut meinen. Man könnte sie sogar als fehlerhaft von der Hand weisen. Denn es ist wahr, dass die alttestamentliche Gemeinde als Volk Gottes bereits Jahrhunderte vor der Fertigstellung der Bibel existierte. Und die neutestamentliche Gemeinde existierte lange bevor der Kanon des Neuen Testaments endgültig festgelegt worden war und noch länger bevor die erste Bibel in Druck ging, um veröffentlich zu werden. Vielleicht sagt ihr außerdem – und zurecht – dass die Gemeinde des ersten Jahrhunderts sozusagen das Neue Testament „geformt" hat, und zwar insofern, als die Urgemeinde mitbestimmte, in welcher Form die Worte und das Wirken Jesu aufgeschrieben werden sollten. Die Gemeinde war also der Ort, an dem die biblischen Texte entstanden und hoch geschätzt wurden. Ich stimme all diesen Aussagen zu. Und trotzdem wiederhole ich: Man kann sagen, dass die Bibel die Gemeinde geschaffen hat. Oder, um genauer zu sein: Das Wort Gottes (das jetzt in der Bibel niedergeschrieben ist), hat die Gemeinde geschaffen. Denn: Wie ist die christliche Gemeinde entstanden? Die Antwort lautet: Durch die Predigten der Apostel, die nicht im Namen der Gemeinde, sondern im Namen Jesu redeten.

Zu Pfingsten kam zu dem prophetischen Zeugnis des Alten Testaments das Zeugnis von Petrus als Apostel hinzu. Er verkündete Jesus als Messias und Herrn, der Heilige Geist bestätigte seine Worte mit Vollmacht und das glaubende Volk Gottes wurde der vom Geist erfüllte Leib Christi. Gott selbst stand hinter diesem schöpferischen Akt, den sein Geist durch sein Wort ausführte. Zudem gestand er den Aposteln in ihrem Predigtdienst auch weiterhin die gleiche Ehre zu. Auf seinen berühmten Missionsreisen legte Paulus Zeugnis über Jesus ab und brachte das Argument vor, dass die Augenzeugenberichte der Apostel ganz im Einklang mit den Schriften des Alten Testaments standen. Viele hörten zu, bekehrten sich, glaubten und wurden getauft, sodass überall im Römischen Reich Gemeinden gegründet wurden. Wie? Durch das Wort Gottes. Gottes Wort (die Zeugnisse der Propheten und der Apostel zusammengenommen), verkündet in der Kraft des Heiligen Geistes, ließ die Gemeinde entstehen. Und Gottes Wort tut das bis heute. Die Gemeinde steht auf diesem Fundament. Und als der Kanon des Neuen Testaments festgelegt wurde, war es nicht die Kirche, die diesen Dokumenten ihre Autorität verlieh. Sie *erkannte lediglich die Autorität an*, die die Schriften bereits besaßen. Warum? Weil sie „apostolisch" waren und die Lehren der Apostel des Herrn zum Inhalt hatten.

Dies sind die Gründe, warum wir wahrheitsgemäß sagen können, dass die Bibel (also das Wort Gottes, das jetzt in der Bibel niedergeschrieben ist), die Gemeinde geschaffen hat und immer noch an ihr baut.

### b) Die Bibel hält die Gemeinde am Leben

Der Schöpfer erhält immer das von ihm Geschaffene. Und da er die Gemeinde ins Leben gerufen hat, hält er auch sie am Leben. Außerdem hat er sie durch sein Wort geschaffen und er erhält und nährt sie auch durch sein Wort. Wenn die Aussage wahr ist, die Jesus aus 5. Mose zitiert (Matthäus 4,4; vgl. 5. Mose 8,3), nämlich: „Nicht von Brot allein soll der Mensch leben, sondern von jedem Wort, das durch den Mund Gottes ausgeht", dann gilt das auch für Gemeinden. Sie können ohne Gottes Wort nicht aufblühen. Die Gemeinde muss regelmäßig Gottes Wort hören. Das ist der Grund, warum die Predigt im Lobpreis im Gottesdienst eine Schlüsselbedeutung hat. Die Predigt ist hier kein Zusatzelement, das hineingedrängt wird. Nein – sie ist unbedingt notwendig. Denn: Der Lobpreis Gottes ist immer eine Antwort auf das Wort Gottes. Deswegen ist es gut, wenn zum Beispiel in einem Gottesdienst während der Lobpreiszeit

> Die Predigt ist hier kein Zusatzelement, das hineingedrängt wird. Nein – sie ist unbedingt notwendig. Denn: Der Lobpreis Gottes ist immer eine Antwort auf das Wort Gottes.

immer wieder das Wort Gottes einfließt, in Abwechslung mit dem Lobpreis selbst. Gott spricht zuerst sein Wort (durch Aussprüche aus der Bibel, Schriftlesungen und die Auslegung biblischer Texte) und die Menschen antworten darauf, indem sie ihre Sünden bekennen, ihren Glauben bezeugen, Gott preisen und zu ihm beten. Die Gemeindemitglieder werden allein dadurch zu reiferen Christinnen und Christen, dass sie Gottes Wort hören, annehmen, glauben, in sich aufsaugen und ihm gehorchen.

### c) Die Bibel weist der Gemeinde den Weg

Christinnen und Christen sind Menschen auf einer Pilgerreise, unterwegs zu einer ewigen Heimat. Sie sind auf der Reise durch ein feindliches, unwegsames Land, in dem Dürre und Dunkelheit herrschen. Sie brauchen Wegweiser, und Gott hat dafür gesorgt, dass sie den Weg finden. „Eine Leuchte für meinen Fuß ist dein Wort, ein Licht für meinen Pfad" (Psalm 119,105). Natürlich stimme ich zu, dass die sogenannte „Hermeneutik" (also die Aufgabe, die Schrift zu interpretieren) schwierig ist. Die Bibel gibt uns keine glatten Antworten auf die komplexen Probleme des 21. Jahrhunderts. Wir müssen uns die Mühe machen, uns mit dem Text auseinanderzusetzen, sowohl mit seiner Bedeutung als auch mit seiner Anwendung, indem wir darüber beten, ihn studieren und uns mit anderen darüber austauschen. Die Prinzipien, die wir brauchen, um den richtigen Weg zu finden, finden wir jedoch trotz allem in der Bibel. Und durch die Einsicht, die der Heilige Geist uns gibt, können wir gemeinsam die richtige Anwendung in unserem Leben heute in dieser Welt entdecken.

### d) Die Bibel reformiert die Gemeinde

Es tut mir leid, das so sagen zu müssen, aber in jedem Jahrhundert – auch in unserem – ist die Gemeinde Gottes zu einem gewissen Grad von Gottes Wahrheit und seinen ethischen Standards abgewichen. Max Warren, seinerzeit ein Staatsmann unter den Missionaren, schrieb, die Kirchengeschichte sei „eine bittersüße Geschichte", deren bedeutendstes Merkmal die unendliche Geduld Gottes mit seinem Volk sei.

Wenn die Gemeinde aber andauernd von Gott abweicht, wie kann sie dann reformiert werden? Die Antwort ist: Nur durch das Wort Gottes. Die größte Erneuerung, die es im Lauf der Weltgeschichte jemals in der Gemeinde Gottes gab, war die Reformation im 16. Jahrhundert. Und dafür war, mehr als alles andere, die Wiederentdeckung der Bibel ausschlaggebend.

## e) Die Bibel vereint die Gemeinde

Die Uneinigkeit der Gemeinde sollte das Gewissen all jener aufrütteln, die an Jesus glauben. Ich hoffe, dass wir uns nicht schon daran gewöhnt haben. Als Christen und Christinnen die sichtbare Einheit der Gemeinde Gottes anzustreben, ist bestimmt ein angemessenes Ziel (obwohl wir wahrscheinlich nicht alle die gleiche Vorstellung davon haben, wie das genau aussehen soll). Was ist also der Hauptgrund für unsere ständige Uneinigkeit? Der Hauptgrund ist, dass es uns in Bezug auf *Autorität* an Einheit mangelt. Solange Kirchen und Gemeinden ihren eigenen Traditionen und Spekulationen folgen, wird sich die weltweite Gemeinde Gottes weiterhin aufsplittern. Sobald sie jedoch bekennen, dass die Bibel die höchste Autorität besitzt und die alleinige Grundlage für die Errettung ist, und wenn sie wirklich entschlossen sind, ihre Traditionen anhand der biblischen Lehre zu hinterfragen, ebnet dies gleichzeitig den Weg zur Einheit in der Wahrheit. Die Bibel vereint die Gemeinde, wenn sich die Gemeinde ihr unterordnet.

## f) Die Bibel lässt die Gemeinde neu aufleben

Wir sehnen uns nach Erweckung – nach dieser besonderen und übernatürlichen Begegnung mit Gott, durch die der ganzen Gemeinde seine lebendige und heilige Gegenwart bewusst wird. Wer sündigt, wird überführt, wer umkehrt, wird verändert. Wer vom Glauben abweicht, wird wieder auferbaut, wer verfeindet ist, erfährt Versöhnung. Die Gläubigen erleben Veränderung und tote Gemeinden werden wieder lebendig. Aber wie gelingt das, das Wiederaufleben? Nur durch das souveräne Wirken des Heiligen Geistes. Aber welches Mittel verwendet der Heilige Geist? Er verwendet sein Wort. Das Wort Gottes ist das Schwert des Geistes (Epheser 6,17; vgl. Hebräer 4,12), mit dem er in der Welt wirkt. Den Geist Gottes sollt ihr nie vom Wort Gottes trennen. Denn: Wenn der Heilige Geist in seiner alles überragenden Macht seine Waffe einsetzt, sticht er in

> Wer sündigt, wird überführt, wer umkehrt, wird verändert. Wer vom Glauben abweicht, wird wieder auferbaut, wer verfeindet ist, erfährt Versöhnung. Die Gläubigen erleben Veränderung und tote Gemeinden werden wieder lebendig.

unser Gewissen, schneidet Krebsgeschwüre aus dem Leib Christi heraus und schlägt den Teufel in die Flucht. Die Bibel ist es, die die Kirche neu aufleben lässt.

Überzeugt euch das? Ich hoffe es. *Die Gemeinde braucht die Bibel.* Die Gemeinde beruht auf der Bibel. Die Gemeinde steht auf dem Fundament der Apostel und Propheten. Die Bibel ist unerlässlich für das Leben und das Wachstum der Gemeinde. Sie ist Nahrung, gibt die Richtung vor, bewirkt Reformation, Erneuerung und Einheit. Die Gemeinde kann ohne die Bibel nicht existieren.

> Die Bibel ist unerlässlich für das Leben und das Wachstum der Gemeinde. Sie ist Nahrung, gibt die Richtung vor, bewirkt Reformation, Erneuerung und Einheit. Die Gemeinde kann ohne die Bibel nicht existieren.

Dies führt uns zur zweiten der beiden Wahrheiten, die die erste ergänzt. Wenn die Gemeinde die Bibel braucht, dann braucht die Bibel auch die Gemeinde. Wenn die Gemeinde auf der Bibel beruht, dann beruht auch die Bibel auf der Gemeinde. Denn: Die Gemeinde ist dazu berufen, sich in den Dienst der Bibel zu stellen, indem sie ihre Botschaft bewahrt und verbreitet.

## Die Gemeinde steht im Dienst der Bibel

Obwohl Gott sein Wort durch Propheten und Apostel zu uns gesandt hat, musste es empfangen und niedergeschrieben werden. Und auch heute muss es noch übersetzt, gedruckt, veröffentlicht, verteilt, gepredigt, verteidigt, ausgestrahlt, übertragen und auf die Bühne gebracht werden. Auf diesen und anderen Wegen stellt sich die Gemeinde in den Dienst der Bibel, indem sie sie bewahrt und in die Welt hinausträgt.

Dies erklärt, warum Paulus in 1. Timotheus 3,15 schreibt, dass die Gemeinde „Säule und Fundament der Wahrheit" ist. Hier gebraucht er zwei aufschlussreiche Worte. Die Gemeinde ist einerseits das Fundament (oder der Stützpfeiler) der Wahrheit und andererseits die Säule der Wahrheit. Fundamente und Stützpfeiler eines Gebäudes sorgen für Halt; Säulen sorgen für Höhe, indem sie es emporheben und für alle sichtbar machen. Daraus können wir schließen, dass die Aufgabe der Gemeinde sowohl Apologetik als auch Evangelisation beinhaltet. Denn als Fundament oder Stützpfeiler muss die Gemeinde das Wort festhalten und es gegen Irrlehrer verteidigen, damit die Wahrheit unerschütterlich und unveränderlich bleibt. Aber als Säule der Wahrheit muss die Gemeinde das Wort auch hochhalten, damit es für die Welt sichtbar wird. Dadurch sollen Menschen es sehen und daran glauben. Die Bibel braucht also die Gemeinde, um von ihr *bewahrt* und *in die Welt hinausgetragen* zu werden.

Beide Aufgaben müssen unbedingt erfüllt werden. Zum einen machen sich immer mehr Irrlehren in der Gemeinde breit. Es gibt falsche Lehrer und Lehrerinnen, die das unendliche, liebende Wesen des allmächtigen Gottes verneinen. Andere wiederum verneinen, dass unser Herr Jesus Gott ist und und sprechen der Bibel ihre Autorität ab. Es scheint immer mehr von diesen Irrlehrern zu geben, und sie verbreiten ihre gefährlichen Ideen in Büchern und Predigten, im Radio und im Fernsehen. Die Wahrheit braucht also Stützpfeiler – Akademiker und Akademikerinnen, die ihr Leben dem widmen, was Paulus die „Verteidigung und Bekräftigung des Evangeliums" nennt (Philipper 1,7). Beruft Gott einen jüngeren Theologen, der diese Worte liest, in der Gemeinde ein Stützpfeiler der Wahrheit zu sein oder sie festzuhalten und sie gegen Irrlehren und Missverständnisse zu verteidigen? Was für eine Berufung! Die Gemeinde muss die Wahrheit bewahren und sichtbar machen.

Gleichzeitig ist die Gemeinde dazu berufen, das Evangelium auf der ganzen Welt zu predigen. Es leben Millionen von Menschen auf dieser Welt, die noch nie wirklich von Jesus gehört haben. Und es gibt viele, die von ihm gehört haben aber nie an ihn geglaubt haben. „Wie aber sollen sie hören ohne einen Prediger?" (Römer 10,14). Die Gemeinde braucht Evangelisten und Evangelistinnen, die als Pioniere vorangehen und neue Formen von Mission entwickeln, um in verschlossene Gebiete hineinzukommen, vor allem in der islamischen und der säkularen Welt. Denn die Gemeinde ist die Säule der Wahrheit. Wir müssen sie also hochhalten und bekanntmachen, damit Menschen ihre Schönheit erkennen und sehen, dass sie auch auf sie zutrifft und sie auch für sich persönlich annehmen.

## Schlussfolgerung

Die Gemeinde braucht die Bibel und die Bibel braucht die Gemeinde. Dies sind die einander ergänzenden Wahrheiten, die in den beiden Aussagen von Paulus zum Ausdruck kommen. Die Gemeinde könnte nicht überleben, wenn die Bibel sie nicht am Leben halten würde. Und die Bibel könnte kaum überleben, ohne dass die Gemeinde sie bewahrt und bekanntmacht. Beide brauchen einander. Die Bibel und die Gemeinde sind ein unzertrennliches

Zwillingspaar. Nachdem wir das nun erfasst haben, möchte ich euch drei Ermahnungen mit auf den Weg geben.

Erstens: Ich ermahne *Pastoren*, die Aufgabe des Predigens ernster zu nehmen. Unsere Berufung besteht darin, Gottes Wort zu studieren, es auszulegen und Bezüge zwischen der Bibel und der Welt, in der wir leben, herzustellen. Ob eine Gemeinde gesund ist, hängt in erster Linie von

> Ob eine Gemeinde gesund ist, hängt in erster Linie von der Qualität ihrer Predigten ab. Das ist wichtiger als alles andere.

der Qualität ihrer Predigten ab. Das ist wichtiger als alles andere. Vielleicht überrascht euch das. Natürlich weiß ich, dass Gemeindemitglieder trotz ihrer Pastoren zu reiferen Christinnen und Christen werden können, auch wenn es schlechte Pastoren sind, die ihre Aufgaben vernachlässigen. Schließlich können sie sowohl allein als auch in Kleingruppen beten und in der Bibel lesen. Außerdem stehen uns heute gute Ressourcen zur Verfügung, die uns zusätzlich Lehre und Anweisungen bieten. Und trotzdem: Das Neue Testament weist darauf hin, dass es Gottes Plan ist, Pastoren die Fürsorge für sein Volk anzuvertrauen. Pastoren, die ihnen Jesus Christus in der Herrlichkeit seiner Person und seines Wirkens so aus der Heiligen Schrift verkündigen, dass bei ihnen Lobpreis, Glaube und Gehorsam hervorgerufen werden. Darum wage ich zu behaupten, dass die Kirchenbank ein Spiegel der Kanzel ist – selten ist das Gegenteil der Fall – und dass die Kirchenbank normalerweise nicht über die Kanzel hinauswächst. Ich möchte also euch, liebe Pastoren, die ihr mit mir im gleichen Dienst steht, auffordern: Investieren wir uns doch mit neuer Entschlossenheit in diese vordringliche Aufgabe.

Zweitens: Ich ermahne euch als *Christinnen und Christen*, euch nicht nur selbst zu Hause und in euren Kleingruppen mit der Bibel zu beschäftigen, sondern auch von euren Pastoren treue, biblische Predigten zu fordern (und dieses Wort ist hier nicht zu stark). Lasst es mich so ausdrücken: Der Predigtdienst, den ihr bekommt, ist der Predigtdienst, den ihr verdient. Und der Predigtdienst, den ihr verdient, ist der Predigtdienst, den ihr einfordert! Einfache Gemeindemitglieder können oft viel mehr in Gemeinden bewirken, als ihnen normalerweise bewusst ist. Sie schließen sich einer Gemeinde an, in der die Bibel kaum gepredigt wird und nehmen es passiv hin, ohne etwas dagegen zu tun! Manchmal kann es Zeiten geben, in denen ihr den Mut haben müsst, eure Pastoren zu ermahnen, weil sie sich eurer Auffassung nach nicht sorgfältig mit der Bibel auseinandersetzen und in ihrer Auslegung dem Text gegenüber nicht treu sind. Aber kommt nicht nur mit eurer Ermahnung zu uns. Ermutigt uns und betet für uns. Nehmt euren Pastoren die Last administrativer Aufgaben ab, die oft eine Ablenkung sind. Pastoren sollten in ihrem Hirtendienst von einem Leitungsteam unterstützt werden. Jede Generation muss von neuem die Lektion aus Apostelgeschichte 6 lernen – eine Begebenheit, bei der die Apostel sich weigerten, von ihrer Rolle als Lehrer abzuweichen, zu der Jesus sie berufen hatte. Bestimmte und administrative Aufgaben und soziales Engagement in der Gemeinde delegierten sie, damit sie „im Gebet und im Dienst des Wortes verharren" konnten (Apostelgeschichte 6,1-4). Es ist an den Mitarbeitern des Leitungsteams, auch heute für die richtigen Prioritäten in diesem Bereich zu sorgen.

Drittens: Ich möchte die *christlichen Eltern ermahnen* – vermittelt euren Kindern die Inhalte der Bibel. Gebt diese elterliche Verantwortung nicht an die Schule ab, ja nicht einmal an die Gemeinde. Macht es selbst, damit eure Kinder so wie Timotheus die Heilige Schrift schon in ihrer Kindheit kennenlernen (2. Timotheus 3,15). Wenn ihr das tut, wird die nächste Generation von leitenden Männern und Frauen in der Gemeinde das begreifen, was die heutige Generation offenbar nicht immer versteht: die unverzichtbare Stellung, die die Bibel in der Gemeinde hat.

Lasst uns also die Bibel zu Hause und in der Gemeinde hochhalten, nicht, weil wir sie anbeten, sondern weil Gott durch sie spricht. Und dann, wenn wir seine Stimme wieder hören, wird die Kirche erneuert und reformiert werden. Und sie wird zu dem werden, was sie nach Gottes Plan immer sein sollte – ein helles Licht, das die Dunkelheit um uns erleuchtet.

# 5

# Die Gläubigen und die Bibel

Wiederholen wir kurz, was wir bisher durchgenommen haben. Über Folgendes haben wir gemeinsam nachgedacht:

- „Gott und die Bibel", denn er ist der Autor.
- „Jesus und die Bibel", denn er ist ihr Inhalt.
- „Der Heilige Geist und die Bibel", denn die Inspiration geschah durch ihn.
- „Die Gemeinde und die Bibel", denn die Gemeinde ist auf ihr gegründet und dazu berufen, ihre Schätze zu bewahren und in die Welt hinauszutragen.

Zum Abschluss beschäftigen wir uns mit etwas, das persönlicher und individueller ist: „Die Gläubigen und die Bibel".

Ich behaupte ohne zu zögern, dass die Bibel für jede Christin und jeden Christen unerlässlich ist, um gesund zu bleiben und zu wachsen. Wer an Jesus glaubt, aber der Bibel wenig Beachtung schenkt, nimmt im christlichen Glauben einfach nicht an Reife zu. Als Jesus aus 5. Mose zitierte, dass der Mensch nicht vom Brot allein leben soll, sagte er damit, dass das Wort Gottes für unsere geistliche Gesundheit genauso notwendig ist, wie Nahrung für unsere physische Gesundheit. Ich denke nicht an Christen und Christinnen, in deren Sprache die Bibel noch nicht übersetzt worden ist und auch nicht an Menschen, die zwar vielleicht eine Bibel in ihrer Sprache haben, die aber nicht lesen und schreiben können und daher nicht imstande sind,

> Das Wort Gottes ist für unsere geistliche Gesundheit genauso notwendig, wie Nahrung für unsere physische Gesundheit.

die Bibel selbst zu lesen. Um klarzustellen: Solche Leute sind nicht gänzlich von Gottes Wort als Nahrungsquelle abgeschnitten. Schließlich kann sie ein Pastor, eine Missionarin, ein Verwandter oder eine Freundin mit ihnen teilen. Ich muss jedoch sagen: Ich denke, dass es für ihr Leben als Christinnen und Christen bereichernd wäre, wenn sie direkten Zugang zur Schrift hätten. Das ist der Grund, warum so heldenhafte Arbeit geleistet wurde, damit die Bibel in die Sprachen der Welt übersetzt werden konnte. Ich denke nicht an solche Situationen. Ich denke dabei eher an Christen und Christinnen, die eine Bibel in ihrer eigenen Sprache haben. Unser Problem besteht nicht darin, dass die Bibel für uns nicht zugänglich ist, sondern dass wir unseren Zugang zu ihr nicht nutzen. Wir müssen sie täglich lesen und darüber meditieren, sie in Kleingruppen studieren und in den Sonntagsgottesdiensten ausgelegt bekommen. Sonst können wir nicht wachsen. Wachsende Reife im christlichen Glauben basiert darauf, dass wir uns mit der Bibel vertraut machen und mit Glauben darauf antworten.

Ich will versuchen, die Frage zu beantworten, die euch jetzt vielleicht durch den Kopf geht: Wie und warum befähigt uns die Bibel denn, zu wachsen? Um zu veranschaulichen, wie die Bibel als Werkzeug der Gnade Gottes wirkt, ziehe ich die Geschichte aus Johannes 13 heran, in der Jesus seinen Jüngern die Füße wäscht. Als er fertig war, sein Obergewand wieder angezogen hatte und zu seinem Platz zurückgegangen war, sprach er gleich von sich selbst als ihrem Lehrer: „Ihr nennt mich Lehrer und Herr, und ihr sagt recht, denn ich bin es" (V. 13). Die logische Schlussfolgerung ist klar: Durch seine Tat – die Fußwaschung – lehrte er sie bestimmte Wahrheiten und gab ihnen bestimmte Lektionen, von denen er wollte, dass sie sie lernten. Hier scheinen drei Lektionen enthalten zu sein.

### a) Er lehrte sie über sich selbst

Die Handlungen von Jesus waren ein bewusstes Gleichnis, das auf seine Mission hinwies. Johannes scheint das klar verstanden zu haben, denn er leitet die Geschichte mit folgenden Worten ein: „...steht Jesus – im Bewusstsein, dass der Vater ihm alles in die Hände gegeben und dass er von Gott ausgegangen war und zu Gott hinging – von dem Abendessen auf..." (V. 3-4). Jesus wusste diese Dinge also und stellte sie durch seine Handlung auch praktisch dar. Der beste Kommentar ist vielleicht Philipper 2, wo dargelegt wird, wie Jesus sich Schritt für Schritt selbst erniedrigte, bevor er hoch erhoben wurde. Jesus steht also „von dem Abendessen auf", so wie er von seinem himmlischen Thron aufgestanden war. Er „legt die Oberkleider ab", wie er seine Herrlichkeit verließ und sich selbst entäußerte. Er „nahm ein leinenes Tuch und umgürtete sich" (das Kennzeichen des Dienens), so wie er in seiner Menschwerdung die Gestalt eines Knechts angenommen hatte. Danach begann er, „die Füße der Jünger zu waschen und mit dem leinenen Tuch abzutrocknen", so wie er ans Kreuz ging, um sicherzustellen, dass wir von unseren Sünden reingewaschen sind. Schließlich „zog er sein Obergewand wieder an und kehrte an seinen Platz am Tisch zurück" (NGÜ), so wie er wieder in seine himmlische Herrlichkeit zurückkehrte und sich an die rechte Seite des Vaters setzte. Durch diese Handlungen veranschaulichte er seine gesamte Laufbahn hier auf Erden. Er lehrte sie über sich selbst: Wer er war, woher er gekommen war und wohin er ging.

### b) Er lehrte sie über seine Errettung

Er sagte zu Petrus: „Wenn ich dich nicht wasche, so hast du kein Teil mit mir" (V. 8). Mit anderen Worten: Die Vergebung der Sünden ist notwendig, um Gemeinschaft mit Jesus haben zu dürfen. Wenn wir noch nicht gewaschen wurden, können wir bis zu diesem Zeitpunkt nicht mit ihm in Verbindung treten. Zusätzlich betont Jesus feinsinnig den Unterschied zwischen zwei Arten von Waschungen: Das Bad auf der einen und das Waschen der Füße auf der anderen Seite. Die Apostel waren mit dieser Unterscheidung in ihrer Gesellschaft vertraut. Bevor sie einen Freund zu Hause besuchten, nahmen sie ein Bad. Wenn sie dann bei ihrem Freund ankamen, wusch ein Diener ihnen die Füße. Sie brauchten kein weiteres Bad; nur die Füße mussten gewaschen werden. Jesus hat sich offenbar dieser allen bekannten kulturellen Unterscheidung bedient, um eine weniger bekannte theologische Unterscheidung zu veranschaulichen: Wenn wir das erste Mal zu ihm kommen, indem wir Buße tun und glauben, werden wir gebadet und vollkommen gewaschen. In der Theologie nennt man das „Rechtfertigung" oder „Erneuerung". Das Symbol dafür ist die Taufe. Wenn wir dann als Christinnen und Christen fallen und sündigen, brauchen wir nicht noch ein weiteres Bad (wir können nicht „wiedergerechtfertigt" oder „wiedergetauft" werden), sondern eine Fußwaschung, also die Reinigung durch die Vergebung, die wir täglich erfahren. Jesus sagt also in Vers 10: „Wer gebadet ist, hat nicht nötig, sich zu waschen, ausgenommen die Füße, sondern ist ganz rein…".

### c) Er lehrte sie über seinen Willen

Bevor sie sich im Obersaal zum Essen setzten, hatten die Apostel ihr Hickhack darüber, wer die besten Plätze bekommen würde. Sie waren so sehr von Fragen über Rangordnungen vereinnahmt, dass sie sich zum Essen niedersetzten, ohne sich gewaschen zu haben. Offenbar gab es dort keinen Diener, der ihre Füße wusch, und sie kamen nicht auf die Idee, dass einer von ihnen sich zu der niedrigen Rolle herablassen könnte, die Füße der anderen zu waschen. Während des Abendessens tat Jesus also das, wozu sich keiner von ihnen selbst herabgelassen hätte. Als er dann fertig war, sagte er zu ihnen: „Wenn nun ich, der Herr und der Lehrer, eure Füße gewaschen habe, so seid auch ihr schuldig, einander die Füße zu waschen. Denn ich habe euch ein Beispiel gegeben, dass auch ihr tut, wie ich euch getan habe. Wahrlich, wahrlich, ich sage euch: Ein Sklave ist nicht größer als sein Herr [...]. Wenn ihr dies wisst, glückselig seid ihr, wenn ihr es tut!" (V. 14-17). Unser Herr erniedrigte sich, um zu dienen. Es ist sein Wille, dass wir das auch tun.

> Unser Herr erniedrigte sich, um zu dienen. Es ist sein Wille, dass wir das auch tun.

Das waren also die drei Lektionen, die Jesus anhand eines Vorfalls lehrte. Zuerst über seine *Person* (dass er von Gott gekommen war und wieder zu Gott zurückkehrte), dann über seine *Errettung* (dass wir nach dem Bad der Rechtfertigung nur die regelmäßige Waschung unserer Füße brauchen) und schließlich über seinen *Willen* (dass wir einander die Füße waschen sollen, also unsere Liebe zeigen, indem wir einander in Demut dienen). Oder anders ausgedrückt: Er lehrte drei Lektionen, die drei Reaktionen verlangten. Indem er ihnen sich selbst offenbarte, forderte er ihre *Anbetung* heraus. Indem er ihnen Erlösung versprach, forderte ihr *Vertrauen* heraus. Indem er ihnen das Gebot gab, einander zu lieben und zu dienen, forderte er ihren *Gehorsam* heraus.

Ich denke, dass ich nicht übertreibe, wenn ich behaupte: Alles, was die Bibel lehrt, fällt in eine dieser drei Kategorien und zielt auf diese drei Reaktionen ab. Denn überall in der Bibel finden wir:

- Offenbarungen Gottes, die unsere Anbetung herausfordern.
- Verheißungen über seine Errettung, die unseren Glauben herausfordern.
- Gebote, die unsere Pflichten beschreiben und unseren Gehorsam herausfordern.

Nachdem wir nun die Fußwaschung als ein Beispiel betrachtet haben, wollen wir uns ein bisschen umfassender mit diesem dreifachen Muster beschäftigen.

## Offenbarungen Gottes

Die Bibel ist Gottes Selbstoffenbarung; die Autobiographie Gottes. In der Bibel spricht Gott über Gott. Er gibt sich in seinem facettenreichen Wesen mit jeder Seite klarer zu erkennen: Als der *Schöpfer* des Universums und der Menschen in seinem Ebenbild, dem Höhepunkt seiner Schöpfung; als der *lebendige Gott*, der alles erhält und mit Leben erfüllt, was er gemacht hat; als der *Gott des Bundes*, der Abraham, Isaak und Jakob und ihre Nachkommen auserwählt hat, um sein ganz besonderes Volk zu sein; und als ein *gnädiger Gott*, der langsam zum Zorn ist und schnell vergibt, aber auch als ein *gerechter Gott*, der Götzendienst und Ungerechtigkeit bestraft, sowohl unter seinem eigenen Volk als auch unter den heidnischen Nationen. Und im Neuen Testament offenbart er sich dann als *Vater unseres Herrn und Retters Jesus Christus*, der ihn in die Welt gesandt hat, damit er unsere menschliche Natur annahm, hier geboren wurde, lebte und lehrte, wirkte und litt, starb und wieder auferstand, sich auf den Thron setzte und uns den Heiligen Geist sandte. Und als *der Gott der Gemeinschaft des neuen Bundes*, der Gemeinde, der sein Volk in die Welt sendet, um durch die Macht des Heiligen Geistes seine Zeugen und seine Diener zu sein. Und schließlich als *der Gott, der eines Tages Jesus Christus in Macht und Herrlichkeit senden wird* – um zu retten, zu richten und zu regieren. Ihn, der ein neues Universum schaffen wird und der letztendlich für jeden Menschen alles sein wird.

> Es ist unmöglich, die Bibel auch nur mit ein bisschen Empfindsamkeit zu lesen und Gott nicht anzubeten. Das Wort Gottes bringt Lobpreis Gottes hervor.

Die majestätische Offenbarung Gottes (in Vater, Sohn und Geist), die sich von der Schöpfung bis zur Vollendung der Zeitalter entfaltet, führt uns in die Anbetung. Wenn wir diese kurzen Einblicke in Gottes Größe, seine Herrlichkeit und seine Gnade gewinnen, fallen wir vor ihm auf unser Angesicht und bringen ihm Ehre – mit unserem Mund, unserem Herzen und unserem Leben. Es ist unmöglich, die Bibel auch nur mit ein bisschen Empfindsamkeit zu lesen und Gott nicht anzubeten. Das Wort Gottes bringt Lobpreis Gottes hervor.

## Verheißungen über Gottes Errettung

Wir haben bereits gesehen, dass Gott uns die Bibel in erster Linie mit dem Ziel gegeben hat, uns „weise zu machen zur Rettung durch den Glauben, der in Christus Jesus ist" (2. Timotheus 3,15). Die Bibel erzählt also die Geschichte von Jesus, indem sie im Alten Testament auf ihn hinweist, in den Evangelien seinen Lebensweg auf der Erde beschreibt und in den Briefen sein Wesen und sein Wirken in ihrem vollen Umfang aufzeigt. Darüber hinaus zeigt uns die Bibel Jesus nicht nur als unseren Retter, dessen Erlösungswerk allein genug ist; sie hält uns auch dazu an, unser Vertrauen auf ihn zu setzen. Sie verspricht uns, dass wir Vergebung unserer Sünden und die Gabe des Heiligen Geistes der Befreiung empfangen, wenn wir das tun. Die Bibel ist voll von Verheißungen über Gottes Errettung. Sie verspricht neues Leben in der neuen Gemeinschaft derer, die auf den Ruf von Jesus Christus antworten. Jesus gab Petrus eine dieser Verheißungen bei der Begebenheit der Fußwaschung, als er zu ihm sagte: „Ihr seid rein". Petrus muss diese Verheißung wohl oft mit seinem Verstand erfasst und geglaubt haben. Sogar nachdem er Jesus verleugnet hatte, wurde er nicht abgewiesen. Natürlich musste er Buße tun, Vergebung empfangen und von neuem ausgesandt werden. Aber er brauchte nicht noch ein neues Bad, da er bereits reingewaschen worden war. Die Worte, die Jesus hier sprach, müssen ihm in seinem Herzen wieder Sicherheit gegeben und ihm statt der Gewissensbisse wieder Frieden gebracht haben.

Im 17. Jahrhundert schrieb ein englischer Prediger namens John Bunyan eine Allegorie über den christlichen Lebensweg mit dem Titel „Pilgrim's Progress" (in der deutschen Übersetzung: „Die Pilgerreise"), in der er beschreibt, welchen Herausforderungen die beiden Reisenden, Christ und Hoffnungsvoll, begegnen. In einer Szene befinden sie sich auf dem Grund der Zweifelsburg, die dem Riesen Verzweiflung gehört. Sie wurden von dem Riesen gefangen gehalten und hatten Angst um ihr Leben: Es schien kein Entkommen zu geben. Am dritten Tag begannen sie schließlich um Mitternacht herum „… zu beten und beteten fort bis zum Tagesanbruch". Kurz zuvor war Christ klar geworden, dass er einen Schlüssel namens Verheißung hatte, „…der gewiss alle Schlösser der *Zweifelsburg* öffnet". Durch Hoffnungsvoll ermutigt, probierte Christ den Schlüssel an der Kerkertür aus, „…die sich augenblicklich öffnete". Mit dem Schlüssel konnten sie durch die Kerkertür, die äußere Tür und das eiserne Tor des Schlosses entkommen, und der Riese konnte sie nicht aufhalten.

Auch ihr habt den Schlüssel, der sich Verheißung nennt, denn Gott hat ihn euch in seinem Wort gegeben. Habt ihr ihn jemals benutzt, um aus der Zweifelsburg auszubrechen? Wenn Satan unser Gewissen bedrängt und versucht, uns einzureden, dass es für Menschen wie uns, die so schwer mit

Sünde beladen sind, keine Vergebung gibt, kann uns nur das vertrauensvolle Festhalten an Gottes Verheißungen für bußfertige Sünder aus der Bedrängnis des Feindes befreien. Wir müssen lernen, in den Verheißungen zu ruhen: Wenn wir verwirrt sind – in der Verheißung, dass Gott uns führt, wenn wir Angst haben – in der Verheißung, dass Gott uns schützt, wenn wir einsam sind – in der Verheißung, dass er da ist. Die Verheißungen Gottes, die Verheißungen über seine Errettung, können unsere Herzen und Gedanken bewahren

Hier sollten wir die Taufe und das Abendmahl erwähnen. Sie sind sichtbare Zeichen, mit denen Verheißungen verknüpft sind. Es ist offensichtlich, dass das Wasser der Taufe und Brot und Wein beim Abendmahl äußerliche und sichtbare Zeichen sind. Genauer betrachtet sind sie jedoch Zeichen für Gottes Gnade. Zeichen, mit denen er seine Verheißungen sichtbar macht – die Verheißungen, uns reinzuwaschen, uns zu vergeben und denjenigen, die umkehren und an Jesus glauben, neues Leben zu schenken. Sie ermutigen uns also und stärken uns im Glauben.

> Wir müssen lernen, in den Verheißungen zu ruhen: Wenn wir verwirrt sind – in der Verheißung, dass Gott uns führt, wenn wir Angst haben – in der Verheißung, dass Gott uns schützt, wenn wir einsam sind – in der Verheißung, dass er da ist.

## Gebote, die Gehorsam fordern

Indem Gott ein Volk für sich auserwählte, sagte er diesem Volk, was für ein Volk es seinem Willen nach sein sollten. Sie waren ein besonderes Volk und er erwartete von ihnen einen besonderen Lebenswandel. Und so gab er ihnen die Zehn Gebote als eine Zusammenfassung dessen, was sein Wille ist. Und Jesus unterstrich diese Gebote in der Bergpredigt und enthüllte, wie verstörend sie sind, wenn man sie konsequent durchdenkt. Er sagte, dass die Gerechtigkeit der Jünger die Gerechtigkeit der Schriftgelehrten und Pharisäer „übertreffen" müsse (Matthäus 5,20). Sie sollte „größer" sein im Sinne einer tieferen Gerechtigkeit, einer Gerechtigkeit des Herzens – ein freudvoller und radikaler Gehorsam, der von innen kommt. Es ist besonders wichtig, in unserer Zeit Gottes Aufruf zum Gehorsam im moralischen Bereich zu betonen, denn es gibt mindestens zwei Gruppen von Menschen, die diesen Aufruf abstreiten: Das sind zum einen diejenigen, die damit argumentieren, dass das einzige und absolute Gebot Gottes die Liebe sei, dass alle anderen Gesetze tatsächlich abgeschafft worden seien und dass Liebe allein als Wegweiser für einen christlichen Lebenswandel ausreiche. Alles, was ein Ausdruck der Liebe sei, sei gut, sagen sie. Und alles, was nicht mit der Liebe vereinbar sei, sei böse. Natürlich ist wahre Liebe (Selbstaufopferung, um anderen zu dienen) *die* überragende christliche Tugend, und ihren Vorschriften zu gehorchen ist eine unglaublich hohe Anforderung. Trotzdem: Liebe braucht Richtlinien, und diese Richtung wird durch Gottes Gebot angegeben. Liebe löst das Gesetz nicht auf – sie erfüllt es (Römer 13,8-10).

Zum anderen gibt es evangelikale Christinnen und Christen, die lesen, wie Paulus uns versichert, dass „Christus das Endziel des Gesetzes" ist (Römer 10,4). Und er sagt: „… ihr seid nicht unter Gesetz, sondern unter Gnade" (Römer 6,14). Sie legen diese Verse so aus, dass Christinnen und Christen nicht mehr dazu verpflichtet sind, Gottes moralische Gebote zu befolgen. Dies zu versuchen sei, wie sie behaupten, „Gesetzlichkeit", die im Widerspruch zur Freiheit stehe, die Jesus uns gegeben hat. Sie verstehen Paulus jedoch falsch. Die „Gesetzlichkeit", die Paulus ablehnte, war nicht der Gehorsam gegenüber Gottes Gesetz an sich, sondern der Versuch, durch diesen Gehorsam Gottes Gunst und seine Vergebung zu erlangen. Paulus schrieb, dass dies unmöglich sei, denn: „Aus Gesetzeswerken wird kein Fleisch vor ihm gerechtfertigt werden…" (Römer 3,20).

Wenn wir jedoch einmal allein durch Gottes Gnade gerechtfertigt wurden (also in seinen Augen für gerecht erklärt durch die frei zugängliche und unverdiente Gunst, die er uns durch Jesus gab), sind wir verpflichtet, sein Gesetz zu befolgen und wir *wollen* das auch tun. Tatsächlich ist Jesus genau dafür für uns gestorben – „…damit die Rechtsforderung des Gesetzes erfüllt wird in uns…" (Römer 8,3-4). Und Gott gibt seinen Geist in unsere Herzen, damit er dorthin auch sein Gesetz schreibt (Jeremia 31,33; Hesekiel 36,27; Galater 5,22-23). Unsere Freiheit als Christinnen und Christen ist also die Freiheit, gehorchen und nicht die Freiheit, ungehorsam zu sein. Wie Jesus mehrmals sagte: Wenn wir ihn lieben, werden wir seine Gebote halten (Johannes 14,15 und 21-24; 15,14). Und der Ort, wo wir Gottes Gebote finden, ist die Bibel.

In der Bibel gibt Gott uns also:

- Offenbarungen seiner selbst, die uns in die Anbetung führen.
- Verheißungen über seine Errettung, die unseren Glauben fördern.
- Gebote, in denen sein Wille zum Ausdruck kommt und die unseren Gehorsam fordern.

Das ist die Bedeutung von christlicher Jüngerschaft. Die drei wichtigsten Bestandteile davon sind Anbetung, Glaube und Gehorsam. Und alle drei sind durch das Wort Gottes inspiriert. *Anbetung* ist die Antwort auf Gottes Offenbarung seiner selbst. Wenn wir Gott anbeten beschäftigen wir uns voller Bewunderung mit seiner Herrlichkeit. *Glaube* bedeutet, in der Zuversicht zu ruhen, dass Gott seine Verheißungen erfüllen wird. Er befreit uns von den Schwankungen religiöser Erfahrungen – auf und ab, auf und ab, Sonntagabend, Montagmorgen. Nichts außer den Verheißungen Gottes kann euch davon befreien, denn unsere Gefühle schwanken hin und her, aber

> Unsere Freiheit als Christinnen und Christen ist also die Freiheit, zu gehorchen und nicht die Freiheit, ungehorsam zu sein.

Gottes Wort hat ewig festen Bestand. *Gehorsam* ist ein Bekenntnis zu Gottes Willen, das in Liebe geschieht. Er rettet uns davor, in moralischem Relativismus zu versinken und stellt unsere Füße auf den Felsen Gottes absolut gültiger Gebote.

Glaube, Anbetung und Gehorsam – die drei Bestanteile von Jüngerschaft – sind außerdem alle nach außen orientiert. In der Anbetung beschäftigen wir uns mit Gottes Herrlichkeit, im Glauben mit seinen Verheißungen und im Gehorsam mit seinen Geboten. Echte christliche Jüngerschaft ist nie nach innen gekehrt. Die Bibel ist ein wunderbar befreiendes Buch. Sie reißt uns von uns selbst los und bewirkt stattdessen, dass wir uns nur noch um Gott, seine Herrlichkeit, seine Verheißungen und seinen Willen drehen. Gott so zu lieben (und andere um seinetwillen zu lieben) bedeutet, von den furchtbaren Ketten der Egozentrik befreit zu sein. Von sich selbst vereinnahmt zu sein lähmt uns als Christinnen und Christen. Und nur Gottes Wort kann uns von der Lähmung befreien, die dieses Kreisen um sich selbst mit sich bringt.

## Schlussfolgerung

Die unverzichtbare Rolle der Bibel im Leben von Christinnen und Christen zeigt uns deutlich, wie ernst wir die Gefahr nehmen sollten, die von liberaler Theologie ausgeht. Indem sie das Vertrauen der Gesellschaft in die Bibel untergräbt, macht sie christliche Jüngerschaft schier unmöglich. Lasst mich erklären, was ich damit meine. In allen christlichen Kreisen sind wir uns darüber einig, dass zur Jüngerschaft Anbetung, Glaube und Gehorsam gehören. Anbetung, Glaube und Gehorsam sind grundlegende Elemente unseres Lebens als Christinnen und Christen. Ohne sie können wir nicht als Nachfolgerinnen und Nachfolger Jesu leben. Ohne eine Bibel, auf die wir uns verlassen können, ist all das jedoch nicht möglich.

Wie können wir Gott anbeten, wenn wir nicht wissen, wer er ist, wie er ist oder welche Art der Anbetung ihm Freude bereitet? Christinnen und Christen sind nicht Athener, die einen unbekannten Gott anbeten. Wir müssen Gott kennen, bevor wir ihn anbeten können. Und wie er ist, erfahren wir in der Bibel.

Und wiederum: Wie können wir an Gott glauben oder ihm vertrauen, wenn wir seine Verheißungen nicht kennen? Glaube ist kein Synonym für Aberglauben oder für Glauben ohne verlässliche Belege. Glaube ist vernünftig urteilendes Vertrauen. Er stützt sich auf Gottes Verheißungen und auf den Charakter des Gottes, der sie gegeben hat. Ohne Verheißungen verkümmert und stirbt unser Glaube. Und Gottes Verheißungen finden wir in der Bibel.

Schließlich: Wie können wir Gott gehorchen, wenn wir seinen Willen und seine Gebote nicht kennen? Christlicher Gehorsam ist nicht blind, sondern er geschieht mit offenen Augen und in Liebe. Denn: Gott hat uns in der Bibel Gebote gegeben und uns gezeigt, dass seine Gebote nicht schwer sind.

Fassen wir also zusammen: Ohne Gottes Offenbarung ist Anbetung unmöglich, ohne Gottes Verheißungen ist Glaube unmöglich, ohne Gottes Gebote ist Gehorsam unmöglich. Deshalb ist Jüngerschaft ohne die Bibel unmöglich.

Sind wir uns darüber im Klaren, wie gesegnet wir sind, eine Bibel in unseren Händen zu halten? Gott hat uns in seiner Gnade mit dem versorgt, was für die Jüngerschaft brauchen. Er hat uns sich selbst, seine Errettung und seinen Willen offenbart. Er hat es uns möglich gemacht, ihn anzubeten, ihm zu vertrauen und ihm zu gehorchen. Anders ausgedrückt: als seine Kinder in einer Liebesbeziehung mit ihm auf dieser Welt zu leben. Wir müssen also jeden Tag die Bibel erwartungsvoll aufschlagen. Immer dann, wenn das Bibellesen für uns nur eine öde, langweilige Routine wird, liegt der Fluch darin, dass wir sie nicht erwartungsvoll lesen. Wir schlagen die Bibel nicht mit der Gewissheit auf, dass Gott dazu bereit, dazu fähig und darauf bedacht ist, mit uns durch sein Wort zu sprechen. Jeden Tag, wenn wir die Bibel, aufschlagen müssen wir dieselbe Bitte auf den Lippen haben, die Samuel an seinen Herrn richtete: „Rede, denn dein Knecht hört!" Und er wird reden! Manchmal wird er uns in seinem Wort sein Wesen offenbaren, und wir begreifen ein Stück von seiner Herrlichkeit. Unsere Herzen werden zutiefst bewegt sein und wir werden auf unsere Knie fallen, um ihn anzubeten. Manchmal wird er uns durch sein Wort eine Verheißung mitteilen. Wir werden sie erfassen und festhalten und sagen: „Herr, ich lasse sie nicht los, bis sie mein Erbe wird, bis sie für mich wahr geworden ist". Manchmal wird er uns durch die Bibel ein Gebot geben. Wir werden sehen, dass wir für unseren Ungehorsam Buße tun müssen und wir werden beten und zu dem Schluss kommen, dass wir durch seine Gnade dieses Gebot in den Jahren, die vor uns liegen, befolgen werden.

> Jeden Tag, wenn wir die Bibel aufschlagen müssen wir dieselbe Bitte auf den Lippen haben, die Samuel an seinen Herrn richtete: „Rede, denn dein Knecht hört!" Und er wird reden!

Diese Offenbarungen, Verheißungen und Gebote werden wir in unseren Gedanken abspeichern, bis unser Gedächtnis eine Sammlung an christlichen Wahrheiten enthält, wie ein gut gefülltes Regal. Und dann werden wir uns je nach Situation aus diesen Regalen die richtigen Wahrheiten, Verheißungen oder Gebote nehmen können, wenn wir sie brauchen. Wenn wir das nicht tun, verdammen wir uns selbst dazu, niemals Reife zu erlangen. Nur wenn wir über Gottes Wort meditieren, auf Gott hören, wenn er mit uns spricht, seine Stimme hören und ihm mit Anbetung, Glauben und Gehorsam antworten, werden wir zu reifen Christinnen und Christen werden.

# Nachwort

In diesem Buch war es mir ein Anliegen, über das „Gestern" der Bibel zu sprechen (woher sie kommt) und auch über ihr „Heute" (was sie für uns bedeutet). Ich habe versucht, eine einfache, auf der Dreieinigkeit beruhende Lehre auszuarbeiten, die betont, dass die Bibel

- von Gott kommt (sie ist das Wort, das er zu uns gesprochen hat und immer noch spricht),
- den Fokus auf Jesus legt (er bezeugt, dass sie ihn bezeugt)
- und durch den Heiligen Geist mithilfe menschlicher Autoren ausgedrückt wurde (sodass seine Worte zugleich ihre Worte waren).

Der praktische Nutzen der Bibel in unserer Zeit, sowohl für die Kirche als auch für einzelne Christinnen und Christen, beruht darauf, dass wir ihren göttlichen Ursprung und ihr gottgegebenes Ziel anerkennen. Paulus selbst vereinte diese Aspekte, als er die ganze Schrift zum einen als „von Gott eingegeben" und zum anderen als „nützlich" bezeichnete (2. Timotheus 3,16-17). Gerade deshalb ist sie nützlich „zur Belehrung, zur Überführung, zur Zurechtweisung, zur Erziehung in der Gerechtigkeit", weil sie aus Gottes Mund ausgehaucht wurde. Unsere Sicht auf die Bibel und die Art und Weise, wie wir sie verwenden, gehen also Hand in Hand. Was wir über sie denken ist wichtig.

Die lockere Einstellung zur Heiligen Schrift, die so weit verbreitet ist, beunruhigt mich zutiefst. Und deswegen ist es mein Wunsch, dass die Bibel im Herzen und im Zuhause von Christinnen und Christen wieder ihren Platz einnimmt und dass sie auf den Kanzeln dieser Welt wieder hochgehalten wird. Nur dann kann

> Es ist mein Wunsch, dass die Bibel im Herzen und im Zuhause von Christinnen und Christen wieder ihren Platz einnimmt und dass sie auf den Kanzeln dieser Welt wieder hochgehalten wird. Nur dann kann die Kirche Gottes Wort wieder hören und befolgen.

die Kirche Gottes Wort wieder hören und befolgen. Nur dann werden die Menschen in Gottes Volk lernen, ihren Glauben mit ihrem Leben zu vereinen, wenn sie die Lehren der Bibel auf ihre moralischen Standards, ihren Umgang mit Geld, ihre Ehen und Familien, ihre Arbeit und ihre Rolle als Staatsbürger und Staatsbürgerinnen anwenden. Nur dann können Christinnen und Christen Hoffnung darauf haben, das Salz und das Licht der Welt zu sein, so wie Jesus es von ihnen möchte. Und nur dann können sie in ihrem Land die Kultur, die Institutionen und die Gesetze, die Werte und Ideale beeinflussen.

> Unser Denken kann nur dann so wie sein Denken werden, wenn wir unsere Gedanken mit seinem Wort tränken.

Der praktische Ertragswert der Heiligen Schrift – für die Kirche und die Gläubigen, zu Hause und für die ganze Nation – sollte jedoch nicht der Hauptgrund für den Wunsch sein, der Bibel wieder ihren Platz zu geben. Der Hauptgrund sollte sein, Gott die Ehre zu geben. Wenn die Bibel zurecht als „Gottes Wort" bezeichnet wird (wobei es durch Worte von Menschen verkündet wurde), dann bedeutet die Vernachlässigung der Bibel ganz klar, dass wir *ihn* vernachlässigen. Auf die Schrift zu hören bedeutet wiederum, auf ihn zu hören. Der Hauptgrund, warum es heißt: „Lasst das Wort des Christus reichlich in euch wohnen" (Kolosser 3,16), besteht nicht darin, dass wir dadurch bereichert werden sollen, sondern dass wir ihn dadurch ehren und verherrlichen sollen. Er möchte, dass wir sowohl unser Denken als auch unser Leben an Jesus Christus ausrichten. Aber um unser Denken an Jesus Christus auszurichten, müssen wir sein Denken haben, also „Christi Sinn" (siehe vgl. 1. Korinther 2,16; Philipper 2,5). Und unser Denken kann nur dann so wie sein Denken werden, wenn wir unsere Gedanken mit seinem Wort tränken. Deshalb brauchen wir *Gottes Wort für unsere Welt*.

# Weiterführende Literatur

## Offenbarung, Inspiration und Autorität der Bibel

J. I. Packer *God Has Spoken* (Baker, 978-0-80107-128-7, 3rd ed. 1994).
Bruce Milne *Know the Truth* (IVP UK, 978-1-78359-103-9, 3rd ed. 2014), Part I.
Kevin DeYoung *Gott beim Wort nehmen - Warum die Bibel es wert ist, sie zu kennen und ihr zu vertrauen* (3 L, 978-3943440706, 2016)
Timothy Ward *Words of Life* (IVP UK, 978-1-84474-207-3, 2009)

## Die Bibel verstehen

John R.W. Stott *Die Bibel verstehen* (Bibellesebund, 9783879820047, 1975)
R. C. Sproul *Knowing Scripture* (IVP US, 978-083083-723-6, 2nd ed. 2009), chapters 3-5.
Michael Kyomya *A Guide to Interpreting Scripture* (Hippobooks, 978-9-96600-308-9, 2010)
John Drane *Introducing the Old Testament* (Lion Hudson, 978-0-74595-503-2, 2010)
John Drane *Introducing the New Testament* (Lion Hudson, 978-0-74595-504-9, 2010)

## Bibelstudium

R. C. Sproul *Knowing Scripture* (IVP US, 978-083083-723-6, 2nd ed. 2009), Kapitel 1-2 und 6.
Andrew Sach *Tiefer graben: Werkzeuge, um den Schatz der Bibel zu heben* (Betanien, 978-3945716496, 2019)
Andrew Sach *Dig Even Deeper* (IVP UK, 978-184474-432-9, 2011)

## Einheit der Bibel

Vaughan Roberts *Gottes Plan - kein Zufall!: Die Bibel im Zusammenhang erklärt* (3L, 978-3935188883, 2011)
Michael Lawrence *Biblische Theologie für die Gemeinde* (Betanien, 978-3935558457, 2013)
Tim Chester *From Creation to New Creation* (Good Book, 978-190831-785-8, 2010)
Christopher J. H. Wright *Salvation Belongs to Our God* (Langham Global Library, 9781907713071, 2013)

# Langham
PARTNERSHIP

Die von Langham herausgegebene Literatur (*Langham Literature*) und die zugehörigen Verlagssparten und Marken sind Teil des Dienstes von Langham Partnership.

Langham Partnership ist eine weltweite Gemeinschaft und setzt sich für die Vision ein, die ihrem Gründer John Stott von Gott anvertraut wurde:

> *Wir wollen den Standard biblischer Verkündigung und Lehre anheben und dadurch die Gemeinde in Wachstum und Reife fördern, damit ihre Mitglieder Jesus immer ähnlicher werden.*

**Unsere Vision:** Wir wollen Gemeinden und Kirchen überall auf der Welt für die Mission ausrüsten und in einem reifen Glauben an Christus stärken. Ermöglicht wird dies durch den Dienst von Pastoren und Personen in Leitungspositionen in Kirchen und Gemeinden, die Gottes Wort glauben, lehren und danach leben.

**Unsere Mission:** Wir möchten Menschen bei der Verkündigung der Bibel stärken, indem wir:
- nationale Bewegungen für die Verkündigung der Bibel fördern,
- die Entstehung und Verbreitung von evangelikaler Literatur unterstützen und
- an höheren Ausbildungsstandards im Bereich evangelikaler Theologie arbeiten.

## Unser Dienst

*Langham Preaching* arbeitet in unterschiedlichen Ländern mit Männern und Frauen zusammen, die leitende Funktionen in Gemeinden und Kirchen innehaben. Auf diese Weise unterstützen wir auf der ganzen Welt Verkündigungsbewegungen, bei denen Pastoren und Laien innerhalb ihres eigenen Kulturkreises die Inhalte der Bibel entsprechend vermitteln. Dank der Unterstützung durch ein multikulturelles Team von Trainern aus unterschiedlichen Ländern bieten wir praktisches Training in Form von Seminaren auf mehreren Ebenen an, nach deren Abschluss zusätzlich noch ein Trainingsprogramm für regionale Langham Gruppenleiter absolviert werden kann. Durch Langham Gruppen vor Ort sowie nationale und regionale Netzwerke werden starke Bewegungen ins Leben gerufen, die sich kontinuierlich weiterentwickeln und sich im Bereich der Bibelauslegung engagieren.

*Langham Literature* stellt in vielen Teilen der Welt Pastoren, Wissenschaftlern und Bibliotheken von theologischen Ausbildungsstätten evangelikale Bücher und elektronische Ressourcen zur Verfügung. Dieser Teil des Dienstes umfasst u.a. Stipendien, Preisnachlässe auf Literaturressourcen und Verbreitung von Literatur. Außerdem unterstützt *Langham Literature* die Herausgabe evangelikaler Literatur für Pastoren in vielen Sprachen, die von innerhalb des jeweiligen Kulturkontextes verfasst wird. Das Programm umfasst Workshops in den Bereichen Schreiben und Redaktion, finanzielle Förderung von Autoren, Übersetzungen, unterstützende Zusammenarbeit mit Verlagen vor Ort und Beteiligung an größeren Literaturprojekten von regionaler Bedeutung wie z.B. dem einbändigen Bibelkommentar The African Bible Commentary.

*Langham Scholars* bietet finanzielle Unterstützung für internationale Studierende, die im Bereich evangelikaler Theologie promovieren. Nach der Rückkehr in ihr Heimatland können diese ihre soliden Bibelkenntnisse und ihr theologisches Wissen weitergeben – an Pastoren und an Männer und Frauen mit leitenden Funktionen in Kirchen und Gemeinden. Durch dieses Programm werden diejenigen geschult, die andere schulen. Um Ausbildungsprogramme im Bereich evangelikaler Theologie zu fördern, arbeitet *Langham Scholars* auch mit theologischen Ausbildungsstätten in vielen Teilen der Welt zusammen. Weltweit gibt es immer mehr Langham-Studierende, die an Universitäten mit ausgezeichnetem Ruf promovieren. Langham-Absolventen- und Absolventinnen, die die nächste Generation von Pastoren schulen, haben sowohl in ihrer Leitungsfunktion als auch als Autoren einen bedeutenden Einfluss.

Mehr Informationen über Langham Partnership gibt es auf **langham.org**.

www.ingramcontent.com/pod-product-compliance
Lightning Source LLC
LaVergne TN
LVHW021621080426
835510LV00019B/2686